내가 사랑하는
사람들이 ─────
          이 책을
    읽었으면

인생에서 중요한 모든 관계에 도움이 될
냉철하면서도 현명한 조언들

The Book You Want Everyone You Love To Read

내가 사랑하는
사람들이 ————

이 책을
읽었으면

필리파 페리 지음

방수연 옮김

알레

*

용기를 내어 〈옵서버〉로 사연을 보내주신 모든 분께
이 책을 바칩니다.

· 차례 ·

 우리는 어떻게 ──────
1장   사랑하는가

: 타인, 그리고 자신과 견고하고 의미 있는 관계 맺기

2장 우리는 어떻게 ──────── 다투는가

: 개인 생활과 직장 생활에서 갈등에 대처하기

3장 우리는 어떻게 ──────
변화하는가

: 좋든 나쁘든 새로운 상황을 헤쳐나가기

4장 우리는 어떻게 ──────── 자족감을 얻는가

: 내면의 평화와 충족감, 그리고 의미 발견하기

서문

수년간 심리치료사로 일하면서 심리치료사들이 이론에 관해 주로 저희끼리만 비공개로 이야기하는 경향이 있다는 점이 늘 안타까웠다. 이런 원칙들이 사람들에게 도움이 될 수 있다는 것은 무척 흥미로운 일이다. 나는 사람들이 보내오는 온갖 딜레마와 질문을 통해 사람들이 삶을 살아가는 방법에 관해 무엇을 알고 싶어 하는지 파악하고 몇 가지 해답을 제시하려 노력한다. 심리학의 개념과 관념을 더 넓은 세상으로 가져오는 것을 사명으로 삼고, 더 많은 이들에게 도움이 되기를 바라며 지식을 쉽게 소화할 수 있는 양으로 나누어 글로 공유하는 것이 목표다.

이 책은 그동안 내가 심리치료사와 칼럼니스트로 일하며, 강연과 행사에 나가고 일상적인 소통을 하며 받았던 수많은 질문에 관한 대답을 집대성한 것이다. 나는 사람들이 던지는 질문을 좋아한다. 질문을 통해 사람들이 깨닫지 못하고 있는 부분을 알 수 있기 때문이다. 사람은 저마다 다르고 내가 받는 질문은 대개 매우 구체적이지만, 그런 부분에는 패턴과 공통점이 있어서 일반적인 지식과 기법을 적용할 수 있다. 나는 질문을 받을 때마다 무언가를 배웠고, 때로는 '아하!' 하고 깨닫는 순간을 맛보는 데 도움을 드리기도 했다.

우리는 누구나 어렸을 때 초기 환경에 대처하는 데 도움이 되는 신념 체계와 적응 방식을 개발한다. 보통은 자신이 어린 시절에 형성한 관점을 토대로 신념 체계에 따라 움직이고 결정을 내리며 사람들을 대하고 있다는 사실조차 인식하지 못할 때가 있다. 나이를 먹고, 새로운 사람들을 만나고, 세상을 더 경험하게 되면서 이런 신념 체계와 대응은 과거에 그랬던 것처럼 도움이 되는 대신 오히려 우리를 오래된 사고 패턴과 행동 패턴에 가둘 수도 있다. 나는 이 책이 당신의 초기 적응 방식과 신념 체계를 이해하고 도움이 되는 부분과 업데이트가 필요한 부분을 더 잘 인식하는 데 도움이 되었으면 한다. 자기 인식self-awareness은 지도에서 내가 어디에 있는지 아는 것과 같다. 출발점을 모르면 목적지로 가는 방법을 알아낼 수 없다. 내가 세상에 어떻게 반응하는지, 어떻게 화가 나는지, 타인에 관해 어떤 가정을 하는지, 자신과 어떻게 대화하는지 배우는 것은 중요하다. 내가 어떤 행동을 어떻게 하고 있는지 깨닫기 전까지는 무엇을 바꿔야 하는지 알 수 없기 때문이다.

사람들은 처음 상담받을 때 다른 사람에 관해서만 이야기하고 싶어 한다. 나는 그들에게 다른 사람은 어떻게 할 수 없어도 자신은 통제할 수 있다고 말한다. 많은 사람이 이해하지 못하는 것이지만, 우리에게는 반응하고 대응하는 방식을 바꿀 힘이 있다. 우리는 우선순위와 신념 체계, 습관적인 대응을 바꿀 수 있다. 변화에는 시간이 걸리고, 새로운 습관을 들이려면 적지 않은 시간이 필요하다. 하지만 우리는 생각하는 것보다 자기 삶에 훨씬 더 큰 통제권을 가지고 있다는 것을 깨닫고 변화를 시도할 수 있다. 특히 우리에게는 자신의 정신과 정신이 향했으면 하는 방향을 통제할 힘이 있다. 가장 무력한 때에도 어떤 생각을 하고, 어떻게 몸을 움직이고, 사람들과 어떤 관계를 맺을지 선택할 수 있다.

우리는 때때로 자신에게 잘못된 질문을 던질지도 모른다. 우리는 끊임없이 "왜?"라고 묻는다. 인간은 의미를 만들어내는 존재이며 서사를 갈망하기 때문이다. "왜 그 사람은 나와 헤어졌을까?", "왜 우리 아이는 말썽을 부릴까?", "왜 나는 이렇게 불행할까?" 이런 질문에 담긴 강한 감정은 모두 '왜'에 집중하는 데서 기인한다. 우리는 그만큼 이야기를 좋아하고 설명을 좋아한다. 하지만 '왜'라는 질문은 그다지 유용하지 못할 때가 많다. 해결책은 보통 '어떻게'에 있다. 내가 관심 있는 것은 당신이 지금 느끼는 감정을 어떻게 느끼게 되었는지, 구체적으로는 어떻게 사랑하고 다투고 변화하고 자족감自足感을 얻는지다. 그래서 이 책은 '어떻게'를 다룬 네 개의 장으로 구성되어 있다. 별개의 장으로 나뉘어 각기 다른 주제라고 생각할 수도 있지만, 각 장의 내용은 모두 서로 연결되어 있다.

나는 심리치료사로 일하면서 사람들은 자신만의 시기에 자신만의 방식으로 성장하며, 그러려면 타인에게든 자신에게든 어떤 사람이 되어야 한다고 강요받는 환경이 아닌 나를 있는 그대로 드러낼 수 있고 내가 어떤 사람이 될 수 있는지 실험할 수 있는 환경이 필요하다는 것을 배웠다. 그래서 내 접근법도 이런 원칙을 따르고 있다. 내가 정의하는 좋은 조언이란 상대가 늘 알고 있었지만 명확하게 표현하지 못했던 것을 말로 정리해주는 것이다. 늘 옳은 사람은 없다. 나도 늘 옳지는 않다. 자기가 늘 옳다고 생각하는 사람을 만나면 머릿속에 비상벨이 울려야 한다. 늘 옳은 사람은 우리를 어떻게든 늘 틀린 사람으로 만들며 유쾌하지 않은 상황을 만든다.

가장 기본이 되는 조언을 한 가지 드려야 한다면 자기계발 분야의 대가이자 《자신감 수업》의 저자 수잔 제퍼스 박사가 한 말이 될 것이다. "당신은 있는 그대로도 충분히 훌륭하며 매 순간 배우고 성장하는 강하고 다정한 사람이다." 다시 말해 당신은 지금 모습 그대로도 괜찮은 사람이다. 우리는 자기가 잘하고 있는 것은 왜 잘하고 있는지 이유를 모르기도 하는데, 그 이유도 알면 도움이 될 수 있다. 우리는 자기를 너무 몰아세우는 경향이 있다. 나는 매주 "저는 인간관계에 서툴러요", "저는 형편없는 친구예요", "저는 똑똑한 사람이 못 돼요", "저는 너무 수줍음이 많아요"와 같은 말을 듣는다. 이런 식으로 자신을 판단할 필요는 없다. 물론 우리는 모두 실수를 하지만, 실수가 곧 나인 것은 아니다. 실수에서 배워야 이어서 또 새로운 실수를 할 수 있다. 내가 원하고 필요로 한다고 생각했던 꿈을 막상 이루고 나니 실수였다는 사실을 깨달을 수도 있다. 그러면 실수를 바로잡고 교훈을 얻은 다음 또 다른 결정을 내리고, 시간이 지나 문제가 생기면 또다시 조정을 거치면 된다. 끝날 때까지 끝난 것이 아니니, 그때까지는 계속 희망을 품고, 시도하고, 실험

할 수 있다. 마치 검은 모자를 쓰고 의사봉을 두드리는 판사처럼 자신에 관해 확정적인 판단을 내리는 것은 자신에게도 다른 사람에게도 전혀 도움이 되지 않는다. 판단을 보류하는 것은 항상 좋은 생각이다. 우리 모두에게는 공통점이 많다. 우리는 모두 겉으로 드러나는 허울뿐인 행동에 매달리는 것보다 취약성을 깨닫는 것에서 더 큰 힘이 생긴다는 점을 배워야 하는 연약한 존재다.

　마지막으로 이 책을 즐겁게 읽어주셨으면 좋겠다. 진부한 말처럼 들릴지도 모르지만, 인생에서 즐거움을 찾는 것은 우리가 우선순위에 두어야 할 일이다. 즐겁게 읽힐 뿐만 아니라 내용이 와닿고, '맞아'라는 생각이 들고, 무언가 딱 분명해지는 느낌이 아주 조금이라도 든다면 정말 좋은 일이다. 당연하지만 내가 이 책에서 달성하고 싶은 것은 바로 이것이다. 하지만 성공했는지 하지 못했는지는 당신의 경험이 말해줄 것이다.

필리파 페리

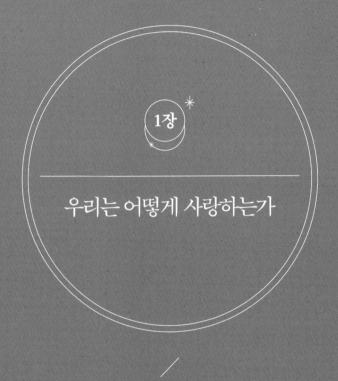

1장

우리는 어떻게 사랑하는가

타인, 그리고 자신과 견고하고 의미 있는 관계 맺기

서구 사회에서는 독립적으로 사는 것이 중요하다는 믿음이 지배적이다. 자수성가했다는 사업가들의 이야기와 '독립적인 현대 여성' 하면 떠오르는 정형화된 이미지를 어디서나 접할 수 있지만, 나는 진정으로 독립적인 사람은 없다고 생각한다. 우리는 삶의 거의 모든 면을 타인에게 의지한다. 작물을 수확하고 가게에 들여놓는 것부터, 사는 집을 짓고 수도를 공급하는 것까지 모두 타인의 도움을 받고 있다. 완전한 독립이 가능하다는 생각은 잘못된 관념이다. 그리고 우리에게는 식수를 공급해줄 사람이 필요하듯, 함께해줄 사람이 필요하다. 우리 중 일부는 이런 욕구에서 벗어나려고 스스로 노력했음에도 불구하고 말이다.

인간은 다른 동물과 달리 완전히 발달한 상태로 태어나지 않는다. 우리는 최초의 양육자와 맺는 관계 속에서 발달한다. 어떻게 양육됐는지를 바탕으로 자아감과 정체성, 욕구, 성격 특성이 형성된다. 정신분석가이자 소아과의사였던 도널드 위니컷은 "아기라는 존재가 따로 있는 것이 아니라 아기와 엄마가 있을 뿐"이라고 했다. 인간은 더 넓은 세상에 속해 있다고 느끼기 위해 평생 연결이 필요한 존재라는 뜻이다. 여기서 연결은 대개 사람과의 연결을 말하나, 생각, 공간, 사물과도 연결될 수 있다.

과거에 나에게 심리치료를 받았던 내담자들을 돌이켜보면 이들이 호소했던 문제의 근본 원인은 거의 늘 관계에 뿌리를 두고 있었다. 과거의 관계가 그들의 신념 체계나 자신과의 관계에 영향을 미쳤거나, 또는 타인과의 관계에 갇혀 있는 것이 대부분이었다. 내가 이 책에서 타인과 관계를 맺는 방식을 가장 먼저 다루기로 한 것은 이것이 인생에서 가장 중요한 부분이기 때문이다. 죽음을 앞둔 사람들은 인생에 남은 가장 중요한 것이 관계라고 말할 것이며, 이 관계는 보통 타인과 맺는 관계를 말한다.

사람은 복잡한 존재이며 저마다 문화적 배경(여기에는 일반적인 습관, 가족 역동^{family dynamics}*, 언어, 행동 양식 등이 포함된다)이 조금씩 다르므로 관계를 맺는 일은 까다로울 수 있다. 우리 모두는 신념 체계도 협력 방식도 제각기 다르다. 나와 주변 사람들에게 이로운 관계를 맺는 방법을 찾는 것은 매우 중요하지만 결코 쉬운 일이 아니다. 이번 장이 방법을 찾는 데 조금이나마 도움이 되기를 바란다.

우리는 왜
연결을 갈망하는가

타인과 연결되어 있다고 느끼는 것은 인간다움의 일부다. 우리는 다른 사람뿐만 아니라 생각이나 사물, 환경과 연결되기를 원한다. 우리는 무언가에 속해 있다고 느끼고 싶어 한다. 이런 느낌은 의미 있는 대화나, 버스 정류장에서 낯선 사람과 나누는 잡담이나, 책을 읽거나 TV 프로그램을 보는 것에서 비롯될 수

---

* 가족 구성원들 간의 상호작용 패턴, 행동, 감정, 관계 등을 다루는 개념이다. 가족 내의 규칙, 역할, 의사소통 방식, 권력 구조 등에 의해 형성되며, 이러한 요소들이 가족 구성원의 심리적, 정서적 상태와 행동에 영향을 미친다.

있다. 우리가 휴대폰에 중독되는 이유 중 하나다. 휴대폰이 주는 연결감은 약한 수준의 도파민('기분이 좋아지는' 호르몬)을 분비한다.

하지만 우리가 가진 유일한 연결 방식이 화면을 통한 것이라면 우울해질 가능성이 있다. 우리에게는 상대와 서로 영향을 주고받을 수 있는 더 적극적인 소통 방식이 필요하기 때문이다. 연결이 부족하면 정신 건강에 악영향을 끼친다. 우리는 우리 삶에서 기분을 좋게 해주는 사람들이 곁에 있어야 하고, 현재 내가 인식하는 나의 모습을 지지하며 정체성을 확인해주는 사람들도 있어야 한다. 연결은 내 주변에 있는 사람들이 나를 비추는 거울과 같기 때문에 중요하다. 사람들이 나에게 어떻게 반응하는지는 내 정신 건강에 일종의 견제와 균형 체계로 작용한다.

하지만 연결이 과도해도 위험하기는 마찬가지다. 이 점을 잘 설명해주는 유용한 비유가 있다. 몸이 고리로 덮여 있다고 묘사하는 것이다. 몸 밖으로 나와 있는 고리가 없으면 아무도 나와 연결될 수 없고 나 또한 누구와도 연결될 수 없어 고립감과 외로움을 느낀다. 하지만 모든 고리가 나와 있으면 모든 사람과 모든 사물에 늘 연결되어 있어 각각의 연결이 지니는 의미나 중요성이 사라지고 만다. 이 사람에서 저 사람으로, 이 생각에서 저 생각으로 전전하느라 하나를 의미 있게 지켜내는 일이 어려워진다. 모든 것과 연결된다면 결국 무엇과도 연결될 수 없다는 사실을 알게 될 것이다. 주의가 매우 산만한 사람을 다들 만나봤을 것이다. 상대에게 온전히 집중한다는 느낌을 전혀 주지 않아서 제대로 이해하거나 소통하기 어렵다. 이를 바로 조증 행동 manic behavior 이라고 한다. 가끔 조증이 나타나는 것은 괜찮지만 (조증은 많은 사람에게 창의성으로 가는 길이 되기도 한다) 장기적으로 지속할 수 있는 상태는 아니다.

모든 것이 그렇듯 균형을 찾는 것이 중요하다. 고리가 (전부가 아닌 일부만) 조금 나와 있다면 내가 신경 쓰는 사람, 내가 관심 있는 대상과 연결될 수 있으며 의미 또한 찾을 수 있다. 남는 시간에 내가 만족감을 느끼는 일을 하고, 새로 만나는 사람들을 열린 마음으로 대하며, 시간을 들여 그들의 가치관이 어떤지, 내 가치관과는 맞는지 살펴볼 수 있다. 나 자신을 긍정적으로 느끼게 해주는 사람을 곁에 두면 좋다. 자극되는 말을 하더라도 기분을 나쁘게 만드는 것이 아니라 깨달음을 주는 내 편인 사람 말이다.

어느 집단에서든, 즉 어느 학교나 직장, 사회 집단, 대가족에서든 하위 집단은 생겨나기 마련이다. 이것은 좋거나 나쁜 것이 아니라 자연스러운 인간 행동일 뿐이다. 한두 명의 사람과 가까워지다 보면 하위 집단이 만들어지며, 집단 내에서 자기 자리를 찾는 일은 정체성과 소속감을 형성하는 데 중요한 역할을 할 수 있다. 집단 역학group dynamics이란 자신이 어떤 사람인지 파악하기 위해 주변 사람들을 거울처럼 따라 하는 것뿐만 아니라 자신이 어떤 사람이 아닌지 판단하기 위해 주변 사람들을 집단 밖의 사람들과 대조하는 것을 의미한다.

✳ 일상의 지혜 ✳

사람은 누구나 무언가에 속해 있다는 느낌을 받아야 한다. 그 대상은 가족이나 프로젝트, 공동체가 될 수도 있고 다른 사람이 될 수도 있다. 우리는 연결의 동물이며, 이것을 인정하지 않는 것은 위험한 일이다.

집단에 속해 있는 것이 매우 중요한 것도, 자신이 소외됐다는 사실을 알면 마음이 힘들 수 있는 것도 이런 이유 때문이다. 아래 사연을 보내온 여성은 이 균형을 맞추는 데 어려움을 겪고 있었고, 남편과 아이, 남편의 친구가 아닌 다른 사람과 사귀기가 어렵다고 했다.

저는 행복한 아이를 둔 서른두 살 엄마입니다. 사랑하는 아들을 키우며 육아휴직 기간을 즐기고 있지요. 남편은 아빠 역할을 무척 좋아하는 다정한 남자입니다.

저희 부부에게는 좋은 친구들이 있지만 모두 남편이 사귄 친구들입니다. 저도 아기 엄마 모임에 나가서 엄마들과 이야기를 나누기는 하는데, 실제로 친구가 되려면 어떻게 해야 할지 모르겠어요. 태교 수업이 새 친구를 사귀기에 좋은 곳이기를 바랐지만 약간 자기들끼리 똘똘 뭉쳐 다니는 분위기였어요. 마치 학창 시절로 돌아간 기분이었죠. 엄마들 사이에 경쟁이 심해 보였고, 저희 부부는 그런 온갖 아기 액세서리며 활동이며 수업에 돈을 쓸 만큼 형편이 넉넉하지 않습니다. 한 엄마가 연 바비큐 파티에 갔다가 으리으리한 저택에 사는 것을 보고 작은 집에 세 들어 사는 제가 부끄럽더라고요.

예전에 사람들은 제가 어떤 사람인지 모르겠다거나 알아갈 기회가 없었던 것이 아쉽다고 말하곤 했어요. 대학생 때 사람들과 어울리는 일보다 학업에 집중했거든요. 제가 엄마 모임에 끼지 않으면 아이에게 영향이 갈까 봐 걱정입니다. 아이가 또래 친구를 사귀거나 엄마들끼리 잡는 놀이 약속에 나가지 못할 테니까요. 저는 아이에게 행복을 누릴 기회를 모두 주고 싶어요.

우선 이 여성은 인간관계를 잘 맺을 수 있는 사람이다. 아이와 남편 두 사람과 좋은 관계를 맺고 있기 때문이다. 사연자는 우리 모두 때때로 보이는 행동을 하고 있다. 즉 사람을 사귀기 어렵다고 변명하는 것이다. 다른 사람의 집에 초대받았지만 모임이나 그 안에서 자연스럽게 형성되는 하위 집단을 '자기들끼리 똘똘 뭉쳐 다니는' 것으로 보고 모두 경쟁심이 강하다고 생각한다. 자기가 아닌 다른 사람들의 행동을 분석하면서 인간관계를 넓히기 위해 자신이 아무것도 할 수 없는 이유에 대해 핑계 대고 있다. 하지만 남의 행동은 통제할 수 없어도 자기 행동은 통제할 수 있으므로, 가장 좋은 시작점은 자신이 문제에 어떻게 일조했는지 생각해보는 것이다. 소속된 집단이 없다는 사실은 이 상황에 어떤 영향을 줄까? 어떤 생각이 사람들과 어울리기에 자신이 너무 우월하거나 너무 열등하다는 느낌을 들게 할까?

사실 나는 사연자가 새 친구를 사귀고 싶어 했다고 생각하지 않는다. 그는 이미 맺고 있는 관계에 만족했으나 자신이 아닌 아들을 위해 친구를 사귀고 싶어 했기 때문에 어려움을 겪은 것이다. 모든 사람에게 같은 수의 친구가 필요한 것은 아니다. 친구가 몇 명 없어도 그럭저럭 잘 살아가는 사람들이 있으며, 사연자도 그런 사람 중 하나다. 자신의 즐거움과 친밀감이 목적이 아니라면 진정한 관계나 동맹을 맺는 일이 가능할지 모르겠다.

사람들과 연결되려면 용기를 내어 마음을 열고 속내를 털어놓을 수 있어야 하며, 다른 사람이 같은 행동을 할 때 지지해줄 수 있어야 한다. 진정으로 이해하고 이해받기 위해 나와 상대가 같을 필요는 없다. 같은 감정을 느끼거나 느끼지 않아도, 같은 부류가 아니어도, 심지어 같은 의견을 가지고 있지 않아도 된다. 하지만 나를 솔직하게 내보이며 내가 자신과 세상을 어떻게 인식하는지, 어떻게 대응하고 느끼고 생각하는지 나누려는 의지는 필요하다. 그 결과 상대에게 영향을 받을 수 있다는 점에도 마음을 열어놓아야 한다. 중요한 것은 상대의 감정을 헤아리고 공감하는 것, 그리고 나 또한 공감받는 것이다.

다른 사람과 진정으로 소통하려면 내가 되어야 한다고 생각하는 모습이나 상대가 원한다고 생각하는 모습이 아닌 진짜 내 모습을 보여줘야 한다. 상대를 불편하게 할 위험을 감수하지 않는다면 나 자신을 알릴 기회를 스스로 박탈하는 것과 같다. 나를 알리려면 나를 드러내야 하며, 숨어 있어서는 나를 절대 드러낼 수 없다. 내가 상대의 눈에 어떻게 비칠지 불안해하는 마음은 대개 소통에 방해가 된다. 이런 불안을 피하는 방법은 만난 상대에게 관심을 가지는 것으로 불안을 대체하는 것이다. 즉 초점을 자의식에서 상대를 향한 호기심으로 옮기라는 뜻이다. 이렇게 하면 사람 때문에 진이 빠지기보다는 사람 덕분에 기뻐하는 일이 더 쉬워진다.

지혜를 기르고 관계를 키우는 방법 중 하나는 말하기 전에 모든 것을 알고 있어야 한다고 생각하지 않고 그 순간에 떠오르는 생각을 말하며 대화를 통해 알아가는 것이다. 즉 모든 생각을 여과하지 말라는 뜻이다. 상대에게 "당신을 알고 싶어요"라고 말하거나, 두렵고 자신을 드러내는 생각들을 어떻게 받아들여질지 확신이 없더라도 말로 표현하는 것을 의미한다. 항상 내 머릿속에서 느꼈던 감정을 타인과의 관계에서 알아갈 수도 있다. 그러니 자연스럽게 나오는 대로 말해보라. 자기 모습대로 살고, 내가 어떻게 받아들여질지 확신할 수 없다는 사실에 익숙해져라. 용기를 내어 마음을 나누라. 절대 실패할 리 없는 방법일까? 아니다, 이것은 모험이다. 하지만 감수할 만한 모험이다. 상대가 나에게 어떻게 반응할지 안다고 가정하고 머릿속으로만 관계를 맺는다면 정말로 관계를 맺는 것이 아니다. 사연

자가 주변 사람을 두고 자기들끼리 똘똘 뭉쳐 다닌다거나 경쟁
이 심하다고 표현했을 때 그는 그들에 관해 말하는 것이 아니었
다. 그는 자신이 상상한 그들의 모습을 이야기하고 있었다. 우
리는 이런 방식으로는 연결될 수 없다.

　나의 진짜 모습을 보여주고도 어울릴 무리를 찾기 어렵다
면, 다른 곳에서 당신의 종족을 찾아야 할 때인지도 모른다. 나
는 런던에서의 내 삶이 얼마나 편안한지 생각한다. 이곳에서 나
는 여러 집단에 속해 있는데, 합창단처럼 공식적인 집단도 있고
친구들 무리처럼 비공식적인 집단도 있다. 런던으로 이사 오기
전에는 내가 외부인처럼 느껴질 때가 많아 혼란스러웠던 기억
이 떠오른다. 아마도 내 사람들을 아직 만나지 못해서였을 것이
다. 소도시에서 대도시로 떠나와 마음 맞는 사람들을 만났다는
전형적인 이야기가 말이 되는 이유는 선택할 수 있는 사람이 많
을수록 비슷한 생각을 하는 사람을 만날 가능성도 커지기 때문
이다. 그리고 당시 내가 내 사람들을 만나지 못했던 것은 나 자
신이 어떤 사람인지도 제대로 파악하지 못한 상태였기 때문이
다. 내가 어떤 사람인지 알아내는 가장 좋은 방법 중 하나는 자
연스러운 상황에서 사람들과 주고받는 대화다.

관계란
때로 힘겨운 것

그동안 많은 사람들이 나에게 보내온 사연 안에서 항상 자신의
말이 옳다는 배우자나 애인, 나를 힘들게 하는 친구, 성인이 된
뒤에도 내 삶을 조종하려는 부모, 귀를 닫은 상사, 미묘한 차별
적 언행으로 자신감을 깎아내리며 내가 딛고 있는 바닥이 땅인
지 늪인지조차 혼란스럽게 만들 정도로 교묘한 괴롭힘을 일삼
는 사람이 심심치 않게 등장한다. 이처럼 관계가 너무 힘들게만
느껴질 때면 자기 안으로 침잠하기도 한다.

한 여성이 코로나 봉쇄 조치가 끝난 후, 고립된 시기를 보내
다가 사회에 복귀하려니 힘들다는 내용의 사연을 보내왔다.

저는 20개월 동안 고립된 생활을 하다가 이제야 사회로 복귀
할 수 있게 됐어요. 합병증 때문에 최근에야 백신을 맞았고, 그
전까지는 코로나에 걸릴까 봐 철저히 혼자서 지냈습니다. 봉
쇄 기간에 치명적인 감염 질환에 걸렸었거든요. 다행히 무사
히 회복하기는 했지만, 저는 이때 제가 얼마나 외롭고 나약한
사람인지 깨달았어요.

회사에서는 정리해고를 당했습니다. 요즘은 이력서를 넣고 면접을 보러 다니는 중이에요. 불합격 통보를 받는 것이야 그럴 수 있는데, 저를 뽑겠다는 곳에서도 제 가치를 의심하며 낮은 연봉을 부르네요.

저는 친분이 두텁다고 생각했던 사람들에게 크게 실망했어요. 동료들과 친구들은 제가 일자리를 잃고 해줄 수 있는 것이 없어지니 연락을 끊더군요. 어차피 인생은 혼자 사는 것이고 관계는 모두 부질없다는 생각이 들어요.

서른아홉 살인 지금 저는 연애와 결혼 생각을 이미 접었어요. 남자들은 첫 데이트에서 제가 자기에게 매력을 느끼는지 알고 싶어 해요. 저는 확신이 들려면 시간이 더 필요한데 말이에요. 관계를 키워나가는 일에 가치를 부여하지 않는 느낌이랄까요. 제가 상대에게 바라는 것은 거창하지 않아요. 함께 산책하지 않겠냐고 묻는 문자에 어떤 답이든 해주는 것, 가끔 만나서 같이 웃고 떠들 수 있는 것, 다른 기대 없이 데이트하는 것 정도입니다.

이제 세상으로 나가는 문은 열렸을지 몰라도 저는 그 문을 넘기가 여전히 어렵네요.

고립되어 외롭게 지내다 보면 사람을 경계하고 불신하게 된다. 어떤 일이 한두 번 반복되면 이것을 패턴으로 인식하고 이런 일이 다시 일어나지 않게 자신을 지키려고 움츠러들 수 있다. 또 거부당하지 않으려고 자기를 드러내는 일을 경계한다. 인간은 무리를 이루어 사는 동물이며, 무리 동물은 집단에서 떨어져 나와 고립됐다가 다시 집단에 합류하면 중심부로 뛰어들지 않는다. 주변부에 머물며 위험을 무릅쓰지 않고 상대적으로 고립된 상태를 유지한다. 이것은 쥐와 초파리를 대상으로 한 실험 결과지만, 본능에 관해서는 인간도 크게 다르지 않다.

지난 연애나 친구라고 생각했던 사람에게 덴 적이 있다면 이것을 패턴으로 인식하고 앞으로 할 모든 경험이 어떤 식으로든 이 경험과 같을 것이라고 생각하며, 어쨌든 인간은 악하고 관계는 무의미하다는 결론에 이르게 되는 것도 당연하다. 이때 사람들은 매우 합리적으로 들리는 변명을 하기도 한다. 사연자가 나에게 증거를 제시했던 것처럼 말이다. 논증은 고립 기간 후에 새로운 사람들을 만나는 것을 꺼리는 본능을 옹호하는 데 사용될 때 우리의 적이 될 수 있다.

이처럼 두려움과 불신감이 들 때 할 수 있는 행동은 두 가지다. 감정에 지배당하며 숨어 지내거나, 두려움을 느끼면서도 사람들과 함께하는 것이다. 숨는다면 두려움이 계속 커지겠지만, 용기를 내어 두려움을 마주하고 굴하지 않고 행동한다면 예전에는 그렇게 믿지 않았다고 해도 관계를 쌓아 세상으로 다시 뛰어들면서 그 두려움은 점차 줄어든다.

때로 우리는 이분법적 사고에 빠지기도 한다. '남 생각해주는 사람은 아무도 없어', '다들 자기 잇속만 차리지', '우정은 아무 쓸모가 없어' 같은 말에 사로잡히는 것이다. 이런 말들은 예외를 허용하지 않는다는 공통점이 있다. 인생이 1 아니면 10이라고 주장하며 2부터 9에 이르는 다른 방도가 거의 늘 있다는 사실을 인식하지 못하게 한다. 이분법적 사고가 담긴 말을 알아보는 좋은 방법은 '전부', '다들', '100퍼센트', '아무도', '절대' 같은 단어가 등장하는지 살펴보는 것이다. 이런 말은 상상의 산물이자 억측이며 익숙한 신념일 가능성이 크므로 의심해보고 바꿔볼 필요가 있다. 전에도 했던 말을 다시 하자면, 익숙함을 진리로 착각하지 마라.

대신 다른 상상을 해볼 수 있다. '다들 매력적이고 지적이며 나에게 관심이 있어'라고 상상해보는 것이다. 물론 이것 역시 사실은 아니지만, 내가 늘 말하듯 이왕 하는 상상이라면 기분 좋은 상상을 해라. 어떤 상상을 믿도록 자신을 훈련했는지는 사람들과 있을 때 당신이 내뿜는 기운과 상대가 당신에게 받는 느낌에 영향을 미칠 것이다.

다른 사람을 두고 하는 억측은 모두 자기충족적 예언이 될 수 있다. 사람들이 모여 있는 자리에 들어서면서 '아무도 날 좋아하지 않아', '아무도 나와 이야기하고 싶어 하지 않아', '인간관계는 부질없어'라고 생각한다면 이런 생각이 신체 언어에 어떻게 나타나겠는가? 당신에게서 어떤 분위기가 풍기겠는가? 아마도 당신은 가장자리에 머물며 눈 맞춤을 피하고 어떤 대화에서든 조심스러운 태도를 보일 것이다. 이번에는 대신 '다들 흥미롭고 매력적인 사람들이고 나를 만나서 반가워하고 있어. 나는 흥미롭고 가치 있고 매력적인 사람이야. 내 생각을 사람들과 나누고 사람들의 생각도 알아보고 싶어'라고 생각한다고 해보자. 이런 생각은 표정과 몸짓, 눈 맞춤, 당신이 풍기는 분위기에 어떻게 나타날까? 당신은 말 붙이기 더 쉽고 더 친절하며 더 공감 가는 사람이 될 것이다.

우리의 과제는 대부분 사람이 지닌 선한 본성에 관한 믿음을 잃지 않는 것이다. 모든 사람이 나쁘기만 한 것은 아니며, 그중 일부는 좋은 사람이며 재밌고 흥미로울 수 있다. 인간관계를 머릿속으로만 맺는 습관이 들면 상대의 의도와 생각, 감정을 가장 나쁜 쪽으로 상상하게 된다. 우리는 이런 상상을 실제로 상대와 확인하지 않고 자신을 못살게 굴며 상대를 탓한다. 다들 이런 경험이 있을 것이다. 우리는 이런 행동을 멈출 수 있다. 불안을 줄이고 사람들 속으로 다시 천천히 들어갈 수 있도록 인간의 본성을 낙관하고 안전지대를 조금씩 밖으로 넓혀보라. 우리는 초파리보다 유리하다. 본능을 인정하고 이해하면서도 무시하기로 선택할 수 있으니 말이다. 우리는 본능이 아닌 이성을 따를 수 있다.

> ✳ **일상의 지혜** ✳
>
> 우리는 사람들이 나를 어떤 태도로 대하는지 상상할 수밖에 없다. 하지만 내가 늘 말하듯 상대가 나를 어떻게 생각하는지 상상할 것이라면 이왕이면 기분 좋은 상상을 해라. 달라질 것은 아무것도 없을지 몰라도 마음은 더 평온해질 것이다.

나는 신념 체계를 바꾸는 일에 매우 열성적인데, 그 방법은 내가 어떤 사람이나 사람들을 두고 상상하고 있을 때를 인식하는 것이다. 그것은 현상을 두루 살피지 않고 내 생각을 뒷받침하는 증거만 선택적으로 취합하거나 이분법적 표현을 사용하는 경우다. 사람들에 관한 부정적 상상을 긍정적 상상으로 바꾸면 표정에 변화가 나타날 것이며, 나아가 인생이 완전히 뒤바뀔 것이다. 내가 경험했고 나의 내담자들도 경험한 일이라서 전도하듯 열성적으로 말하는 것 같다. '다들 지긋지긋해'를 '다들 사랑스러워'로 재프로그래밍하면 인생에서 가장 큰 변화가 일어날 수 있다. 이렇게 머릿속 스위치를 켜는 일은 쉬울 수도 있으나 엄청난 용기가 필요할 수도 있다. 그러니 희망과 일부 씨앗이 싹을 틔운다는 증거에 집중해야 할 것이다(하지만 씨앗을 뿌리지 않으면 싹이 틀 일도 없다).

자, 내 말을 따라 해보라. "당신과 나를 포함해 우리는 모두 흥미롭고 매력적인 사람들이며 서로 만나서 다들 무척 반가워한다." 만약 '사람에게는 공들일 가치가 없다'라는 생각에 익숙하다면 그동안 습관처럼 했던 생각을 바꾸는 데 연습이 필요할 것이다. 이제는 더 유용한 자기충족적 예언을 선택할 때다. 한 번뿐인 인생, 초파리처럼 살지 말자.

우리가 유대감을
형성하는 방식

우리가 현재에 관계를 맺는 방식은 대개 과거에 사랑받은 방식에 영향받는다. 우리는 양육자와 함께 있을 때 느꼈던 감정을 느끼게 해주는 상대를 찾는다. 때로 사람들은 사랑이 '고향으로 돌아오는 것' 같은 느낌이라고 말한다. 즉 말로 설명할 수 없는 익숙한 시절로 돌아오는 것처럼 느껴진다는 말이다. 이처럼 익숙한 것의 문제는 이것이 옳은 것처럼 생각된다는 점이다. 이런 감정을 불러일으키는 사람을 만났을 때 불꽃이 튀는 느낌이 들곤 하는 이유는 우리가 익숙한 것과 잘 맞는다는 것을 혼동하기 때문이다. 연애 고민 사연을 보내온 이 남성의 경우도 마찬가지였다.

> 지금은 헤어진 남자 친구와 3년 동안 열애를 했었습니다. 문제가 시작된 것은 그가 저에게 청혼했을 때부터였어요. 그 뒤로 사이가 소원해지는 느낌에 커플 상담사를 찾아가 보자고 했지요. 하지만 도움은 되지 않았습니다. 그가 상담 시간에 한 말들을 생각하면 아직도 가슴이 아픕니다. 이를테면 그는 저희 관

계가 도망가고 싶은 징징대는 아이 같다고 했어요. 그가 거리를 더 두면서 관계는 나빠졌고 저는 더욱 심란해졌습니다.

결혼 계획은 무산됐어요. 그가 친구와 거창한 휴가 계획을 세우면서 저에게는 상의도, 초대조차 하지 않은 것이 마지막 결정타였습니다. 저는 자포자기의 심정이 되어서 그에게 모욕적인 말을 들은 다음 날 그만 만나자고 했어요. 마음이 진정되고 나서 헤어지자고 했던 말을 취소하려 했지만, 그는 받아주지 않았지요. 그 뒤로 그를 다시 보지 못했습니다.

지금 저는 개인적으로나 직업적으로나 잘 지내고 있습니다. 하지만 여전히 문득문득 슬픔에 잠길 때가 있어서, 이런 감정을 더 이상 느끼지 않는 날이 오기는 할지 걱정이 됩니다. 그가 우리의 우정이 그립다고 연락해오면 좋겠어요. 그와 헤어진 뒤로 다른 사람들을 만나봤지만, 그를 잃은 슬픔에서 완전히 회복하지 못할 것 같고 제 삶에 온전히 집중하지 못할 것 같다는 느낌이 듭니다.

사연자의 전 남자 친구는 심리학 용어로 '회피 애착 유형 avoidant attachment type'의 사람이었던 것 같다. 상대와 너무 가까워지는 것을 좋아하지 않는다는 뜻이다. 본인은 좋아한다고 생각할지 몰라도 실은 그렇지 않다. 회피 애착 유형의 사람들이 관계가 진지해졌을 때 그 관계를 회피하는 일은 드물지 않다. 이런 애착 유형이 형성되는 것은 유아기에 자신을 달래줄 사람에게 의존할 수 없다는 사실을 학습했을 때다. 이들은 (말을 배우기 전에) 무의식적으로 절대 누구에게도 의지하지 않겠다고 결심함으로써 이 문제를 해결한다. 초기 환경에서 도움이 됐던 방어기제는 새로운 상황에서 장애물이 되어 앞을 가로막는다. 자기 보존 행위가 자기 방해 행위가 될 수 있는 것이다. 이 남성의 전 남자 친구는 타인과 연결되고 싶어 하는 인간의 욕구를 다소 두렵거나 혐오스럽게 생각했을 것이라고 추측할 수 있다.

한편 사연자는 '불안정 애착 유형insecure attachment type'을 가지고 있을 가능성이 있다. 불안정 애착 유형의 사람들이 자라면서 주로 느꼈던 감정 중 하나는 갈망이다. 이들은 어린 시절 부모의 관심을 갈망했고, 지금은 갈망을 사랑으로 인식한다. 익숙하니까 옳다고 느끼는 것이다. 최초의 양육자가 안정감보다 갈망을 키운 탓이다. 억지스럽게 들릴지도 모르지만, 이제 막 걸음마를 배우는 아이가 부모를 찾는 모습을 보라. 아이가 필사적으로 매달리며 애정을 갈구하는 모습에는 이 애착 유형의 특징이 모두 담겨 있다. 불안정 애착 유형의 사람들은 아기나 어린아이였을 때 기억이 남긴 내면의 유령에 사로잡혀 있는지도 모른다. 그 아이는 양육자의 애정을 끊임없이 갈구하다가 어쩌다 한 번 품에 안길 때면 황홀함을 경험했을지도 모른다. 하지만 일시적인 애정은 오히려 갈망을 더 키웠고, 상대를 더 간절히 원하게 만들었다.

이런 유형의 사람들은 회피 성향의 사람이나 연인에게 끌리는 경우가 많다. 애착이 불안정한 사람들은 애정을 갈망하는 것에 능숙하며, 이런 갈망을 불러일으킬 만한 연인은 진지한 관계를 피하는 사람, 즉 회피 애착 유형의 사람이다. 최초의 양육자와 제대로 된 관계를 맺기 어려웠다면 이것이 심리적으로 미해결 과제처럼 느껴질 수 있다. 그래서 이번에는 꼭 성공해서 미해결 과제를 끝맺을 수 있기를 바라며 제대로 된 관계를 맺기 어려운 상대를 또 찾는다. 무척 매력적이지만 온전히 곁에 있어줄 수 없는 사람은 이런 갈망에 불을 붙일 것이다. 불안정 애착 유형의 사람들이 사랑에 중독되는 이유는 희열 때문이며, 희열은 절망 없이는 불가능하다.

중요하게 언급할 점은 애착 유형을 스스로 선택하는 사람은 아무도 없다는 것이다. 우리가 유대감을 형성하는 방식은 무의식적인 과정이다. 한 가지 유형에서 영원히 벗어날 수 없는 것도 아니다. 자신의 애착 유형을 인지하고 나면 휘둘리지 않기로 결심할 수 있다. 나는 사연자와 그와 비슷한 사람들이 회복될 수 있다고 믿는다. 사연자의 상황에 공감이 간다면 당신을 양육한(또는 양육하지 않았지만 그랬어야 했던) 사람들과 맺었던 최초의 애착 관계를 살펴보고 현재 맺고 있는 관계가 해묵은 감정을 자극하고 있을 가능성을 생각해보기를 권한다. 당신은 부모의 인정을 받기 위해 열심히 노력해야 했는가? 학창 시절에 좋아했던 선생님이 칭찬에 인색했는가? 해외에 있거나 이미 결혼한 사람처럼 마음껏 만날 수 없는 연인에게 빠지는 패턴을 반복하고 있지는 않은가?

> ✳ **일상의 지혜** ✳
>
> 우리는 익숙함을 진리로 착각할 때가 많다. 특정 방식으로 생각하거나 느끼는 것이 익숙하다고 해서 그 방식이 옳은 것은 아니다.

짝사랑을 반복하는 패턴에 빠져 있다면 자신의 갈망에 관해 생각해보기를 바란다. 갈망에 빠져 있을 때, 내가 곧 나의 갈망이고 나의 갈망이 곧 나인 것처럼 느낀다. 그러니 한 발짝 물러

나서 거리를 두고 바라보라. 이런 패턴에서 벗어나기 위해 해야 할 일은 나의 이상형이 나에게 이상적인 사람은 아니라는 점을 깨닫는 것이다. 당신에게 이상적인 상대는 마음을 들었다 놓았다 하는 회피형의 사람이 아니라 믿을 수 있고 마음껏 만날 수 있으며 의지할 수 있는 소위 '안정 애착 유형secure attachment type' 의 사람이다. 회피 성향의 사람처럼 익숙하게 느껴지지 않아서 첫눈에 반할 일은 없겠지만, 이런 사람은 신뢰할 수 있다. 엄청 난 희열은 없더라도 절망 또한 없을 것이며, 시간이 지나 서로 더 익숙해질수록 일시적인 긍정적 강화에서 오는 흥분이 아니 라 서로가 함께한다는 만족감을 토대로 점차 안정된 기쁨을 누 릴 수 있게 될 것이다.

친구가 되는
두 가지 다른 방법

사람은 누구나 관계를 어떻게 맺고 유지하는지, 주변 사람들에 게 어떤 의무를 지는지, 그들과 함께 어떻게 지내야 하는지, 받 아들일 수 있는 것과 없는 것이 무엇인지, 의리가 있는 것과 없는 것이 무엇인지에 관해 나름의 성향과 습관, 신념을 가지고 있다. 우리는 제각기 다른 사람들이다. 남들이 세상을 사는 방식이 나와 같으리라고 지레짐작한다면, 실제로 나를 상처 입히는 것은 상대가 나를 거부하려고 일부러 하는 행동이 아니라 자신의 짐작과 기대일 가능성이 크다.

　사람들이 보내오는 사연을 보면 한때 가까웠으나 현재는 한쪽이 우정의 끈을 놓아버린 듯한 두 친구에 관한 내용이 많다. 이를테면 친구가 미국으로 이사 간 이야기를 자세히 적고 있는 이 여성의 메일도 마찬가지다.

　절친이라고 생각했던 친구와 연락이 끊겼습니다. 저희는 친구가 교환학생으로 왔을 때 학교에서 만났어요. 10년 동안 친구는 제게 세상에서 가장 중요한 사람이었고, 함께 쌓은 추억도 정말 많았습니다.

　5년 전쯤 친구는 취업을 위해 미국으로 떠났어요. 가기 전에는 제가 사는 집에 머물며 좋은 시간을 보냈고요. 각자 다른 나라에서 일을 하고 삶을 꾸려가기 시작하면서 연락하고 지내기가 어려워지기는 했어도, 지구 반대편에서 시간을 보내는 만큼 서로 나눌 이야기가 많아질 거라고 굳게 믿었어요.

　그런데 친구가 미국에서 보내온 것은 엽서 한 통뿐이었어
요. 언젠가부터는 메일까지 반송되길래 직접 편지를 쓰려고
친구 부모님께 친구 주소를 계속 여쭤봤지만, 소식을 듣지는
못했습니다. SNS를 보고 나서야(친구는 SNS를 안 해서 친구 남동
생 계정을 통해) 친구가 자기를 따라 미국으로 이사 온 남자 친
구와 결혼했고, 지금은 모국으로 다시 돌아가 살고 있으며, 아
이를 낳았다는 사실을 알게 됐어요.

　인생에서 이런 큰 사건들이 있었는데 친구는 저를 떠올리
지도 않은 것 같아 마음이 무척 아픕니다. 제가 얼마나 큰 충
격을 받았는지 편지를 써서 (아직도 외우고 있는 친구 부모님 댁
주소로) 보내려고 했지만 친구가 답장을 아예 하지 않거나 끔
찍한 진실을 알려올까 봐 차마 보내지 못하겠습니다. 이 편지
를 부치는 것이 맞을까요?

우정에 관한 성향은 사람마다 다르다. 초등학생 때 어울려
놀던 친구들과 여전히 단짝으로 지내는 사람이 있는가 하면,
(한때 잘 알았던 사람을 우연히 마주치면 기뻐할 수는 있겠으나) 현재 함
께 생활하고 있는 사람들과 더 돈독한 관계를 맺는 쪽으로 기우
는 사람도 있다. 한 방식이 다른 방식보다 낮다거나 한 방식은

도덕적이고 다른 방식은 그렇지 않다는 말이 아니라, 우리가 각자 자연스럽게 느끼는 삶의 방식이 서로 다르다는 것이다.

당신이 원래 장거리에 있는 친구와 인연을 잘 이어가는 사람이라면 (사연자가 그랬듯) 이사를 간 뒤로 연락이 끊긴 친구를 도저히 이해할 수 없어 마음이 상할지도 모른다. 만약 당신이 그런 행동을 했다면 어떤 상처를 받았거나 오해가 있었기 때문일 것이다. 이유가 무엇일지 짐작이 되지 않으면 상대가 잔인하게 굴고 있다거나 당신에게 어딘가 호감 가지 않는 구석이 있을 거라는 생각이 들지도 모른다. 하지만 상대가 친구를 사귀는 패턴이 당신과 다를 가능성도 있다. 상대가 과거보다 현재의 삶에 관련된 사람들과 어울리는 경향이 있다면 연락이 없어서 상처받았다는 말을 듣고 매우 당황할 수 있다. 상대가 우정에 관해 전반적으로 가지고 있는 생각은 당신의 생각과 다를지도 모른다.

그런가 하면 애인과 다름없던 단짝 친구와의 우정이 진짜 애인, 즉 진정한 사랑이 나타나면 성적 친밀감이 있는 완전한 관계를 위한 예행연습에 불과했던 것처럼 보이기도 한다. 다시 말하건대 양쪽 모두에게 해당한다면 괜찮지만, 한 사람은 이 우정을 평생 갈 관계로 생각했고 다른 사람은 애인과의 사랑으로 대체된다고 생각했다면 상처받을 가능성이 크다. 누군가에게 가장 중요한 사람이라는 사실은 너무 큰 부담으로 다가올 수 있다. 사람들의 삶은 움직이고 변화하며, 우선순위도 따라 바뀌니 말이다.

특히 나이를 먹으면 사람을 만나러 나가는 일이 훨씬 힘들게 느껴질 수 있다. 제 방식을 고집하는 경향이 강해져 태도의 유연성이 다소 떨어질지도 모른다. 젊을 때는 에너지가 많아 새로운 것을 시도하고 새로운 사람을 마주칠 가능성이 더 크다. 반면 나이가 들어 사람을 만날 때는 습관과 성격이 더 고정되어 있어서 유대감을 형성하는 것이 더 복잡한 과정이 될 수 있다. 세상에 사람을 만날 기회는 많지만, 사람들은 심리 상태도, 인간관계를 대하는 태도도, 관계에서 원하는 것도 저마다 다르다. 상대와 함께 성장할 수 있는 어린 친구들과 달리, 나이가 있는 사람들은 강한 애착을 형성하는 것이 더 어려울 수 있다. 하지만 불가능한 일은 절대 아니다.

완벽이라는
신화

작가 나오미 앨더만의 말에 따르면 동반자가 있다는 것의 의미
는 내 인생의 증인이 있다는 것이다. 배우자나 애인 없이도 행
복하게 잘 살아갈 수 있는 사람이 많지만, 인생살이를 함께한
다는 것은 또 다른 경험이다. 오랫동안 아이를 홀로 키워온 엄
마이자 《헝오버 게임The Hungover Games》의 저자인 소피 헤우드는
최근에 동반자가 있다는 것의 의미가 집 안에서 상대와 함께하
는 경험만큼이나 집 밖에서 하는 경험과도 관련이 있다는 사실
을 깨달았다고 했다. 그는 나를 사랑해주는 사람이 집에 있다는
것을 알고 나니 세상 밖의 경험들이 나아졌다고 설명했다. "너
무 쉽게 비를 맞는 기분을 오랫동안 느끼다가 방수복을 입은 것
같아요."

　오래 만난 애인이나 배우자가 있다는 것이 건강과 행복 측면
에서 주는 편익과 비용에 대한 연구는 많이 있으며, 내용을 전
부 검색하다 보면 몇 시간이 걸릴 수도 있다. 나의 경우 동반자
를 두는 이유 중 하나는 내가 사랑하는 사람이자 나를 있는 그
대로 받아주고 결점까지도 사랑해주는 사람과 상호적이고 평

등한 관계를 맺기 위해서다. 이런 환경에서 한 사람으로서 성장하고, 더 용감하고 너그러워지며, 동반자뿐 아니라 주변의 모든 사람에게 나눠줄 사랑이 커지지 않기란 어렵다. 내 생각에 사랑하는 동반자를 찾는 것은 잘 만든 케이크에 아이싱을 올리는 것과 같다. 다시 말해 아이싱이 없는 케이크가 좋다면 그것도 괜찮다는 뜻이다.

특히 나는 온라인 데이트가 보편화된 요즘 어떻게 하면 완벽한 상대를 찾을 수 있는지 묻는 메일을 가장 많이 받는 것 같다. 이 남성은 연애에 어려움을 겪고 분통을 터뜨리며 메일을 보내온 많은 사연자 중 한 명이다.

저는 그동안 짧은 연애를 몇 번 해봤고 데이트도 많이 해봤으며 (이제는 시간이 좀 지나기는 했지만) 오래 만난 사람과 결혼하기로 한 전날 차이기도 해봤습니다. 온라인으로 사람을 만나보려고 많이 노력했는데, 반년 동안 마흔일곱 명의 여성에게 성의 있는 개인 메시지를 보냈는데도 긍정적인 답변을 하나도 못 받고 나니 그만 의욕이 꺾여버렸어요. 저는 50대 후반이고 호리호리하고 탄탄한 몸매에 키가 크고 보통 정도 되는 평범한 외모에 말을 조리 있게 잘하고 유머 감각이 있으며 지적인 편입니다.

저는 온라인 데이트 말고도 동네 친목회에 나가서 모임이나 나들이를 하며 사람을 만나고 있습니다. 하지만 나이가 너무 많거나 마음이 맞지 않는 사람, 연애는 "이미 해볼 만큼 해봐서 흥미가 없다"라고 말하는 사람을 제쳐놓고 나면 남는 사람이 거의 없네요.

최근에 사귄 사람은 오래 만나보자고 하더니 아무런 이유도 말해주지 않고 느닷없이 관계를 끝내더군요. 정말 큰 충격이었습니다. 저희가 한 것이라고는 포옹뿐이지만, 제 쓸쓸한 삶에 빠진 것이 무엇인지 새삼 깨닫게 됐어요.

저는 "짚신도 제짝이 있다"라는 말이 틀렸다는 것을 완전히 증명했습니다. 아무리 봐도 제짝은 없으니 말입니다. 이제는 그냥 체념하고 남은 평생을 홀로 살아가야 할까요? 아니면 실패를 거듭하는 일이 제 자존감과 정신 건강에 해롭다는 것을 알면서도 특별한 사람을 만날 수 있다는 희망을 품고 계속 노력해야 할까요?

사람들이 하는 실수 중 하나는 온라인 데이트를 쇼핑처럼 여기는 것이다. 마치 완벽한 바지를 찾아 헤맬 때처럼 화면을 위

아래로, 또 좌우로 넘기며 완벽한 사람을 찾으려 한다. 미안한 말이지만 세상에 완벽한 사람은 없다. 내가 이 남성분께 드린 조언은 상대가 어떤 사람이며 자신과 어울릴 수 있을지를 쉽게 단정하는 대신 마음을 열어놓고 '잘 모르겠다'라는 태도를 더 수용해보라는 것이었다. 판단은 접어두라(사람들은 남을 쉽게 '판단하는' 사람을 멀리서도 알아본다). 사람을 틀에 가두어 생각하는 것을 피하라. 게다가 당신의 이상형은 당신에게 이상적인 사람이 아닐지도 모른다.

요즘 같은 온라인 데이트의 시대에 한 사람에게 전념하기 어려운 것은 선택지가 무한하기 때문이다. 무엇을 결정한다는 것은 다른 무엇을 끝내는 것이기도 하듯('결정하다'라는 뜻을 가진 'decide'의 'cide'는 죽이거나 없앤다는 뜻의 라틴어 단어인 'caedere'에서 유래한다) 한 사람에게 전념한다는 것은 다른 선택을 할 가능성을 차단한다는 뜻이다. 전부 다 가지고 싶을 수는 있지만, 진지한 관계로 발전할 수 있는 사람을 위해서는 다른 사람을 만날 가능성에 작별을 고해야 한다. 이 과정에서 잘못된 결정을 하고 싶지 않은 것이야 당연하지만, 실수할지도 모른다는 두려움이 들면 결정 자체를 피하게 될지도 모른다.

✳ 일상의 지혜 ✳

때로 사람들은 결정하지 않는 것으로 실수를 피하려 하지만, 결정하지 않는 것도 결과가 따르는 선택이다.

심리학자 배리 슈워츠는 선택지의 수가 결정에 관한 생각에 얼마나 영향을 미치는지 알아보기 위해 실험을 수행했다. 실험 결과에 따르면 사람들은 여섯 개의 초콜릿 중에서 하나를 골라야 했을 때 결정하는 속도가 빨랐으며 선택에 만족하는 비율도 높았다. 100개의 초콜릿 중에서 하나를 골라야 했을 때는 대부분 자신이 가장 좋아할 것 같은 초콜릿을 선택하는 대신 전부를 두고 고민했고, 결국 하나를 선택하고 나서도 선택지가 여섯 개밖에 없었던 사람들보다 만족도가 훨씬 낮았다. 슈워츠는 또한 사람들의 성향이 최선 추구자maximizer와 만족 추구자satisficer('만족한satisfied'과 '충분하다suffice'를 결합해 만든 단어로, '그만하면 충분하다'라고 생각하며 만족하는 사람을 말한다)로 나뉜다는 것을 발견했다. 전자는 완벽한 것이 나타날 때까지 기다리고, 후자는 '이 정도면 된다'라는 태도를 가진다. 둘 중 대체로 더 행복한 사람은 누구일까? 그렇다, 바로 만족 추구자다. 금방이라도 더 좋은 것

이 나타날까 봐 조바심 낸다면 하나에 전념하기 어려운 것이 당연하다. 하지만 내가 내린 선택에 전념한다면 가장 큰 만족감을 얻을 수 있다. 전념하는 것 자체가 선택한 대상만큼이나(또는 그 이상) 좋은 선택에 도움이 되기 때문이다. 최선을 추구하는 경향은 나를 방해하는 존재self-saboteur이지 친구가 아니다.

데이트를 하며 완벽한 사람을 찾아야 한다는 압박감에 시달리고 있다면 처음에는 어느 정도 괜찮은 사람에게 만족하기를 권한다. 사랑은 빠지는 것이 아니라 하는 것이라고 생각하자. 그리고 상대를 선택할 생각만 하지 말고 상대도 나를 발견할 수 있게 허용하자. 앞으로는 이런 불확실성에 익숙해져야 한다. 힘을 빼고 데이트나 나들이를 즐기고 데이트를 면접이나 과제처럼 여기지 말자. 마음을 열고 평소처럼 행동하며 그 시간을 즐기는 데 집중하자.

평생이라는 말이 주는 두려움

아래는 경영컨설팅사에서 시간제로 일하며 석사과정을 밟고 있는 스물네 살의 회계사가 보내온 사연이다.

팬데믹이 시작된 이후로 1년 동안 사귀는 사람 없이 지내다가 최근 데이팅 앱에서 한 여자를 만났습니다. 나이는 저와 비슷하고, 만난 지는 두 달이 됐습니다. 매우 매력적이고 상냥한 사람이고 함께 있으면 참 즐겁습니다. 저를 웃게 해주는 사람이지요.

하지만 마음에 걸리는 부분이 하나 있습니다. 이 친구는 20대 중반인데도 여전히 부모님 댁에서 살고 있고 독립하려는 계획이나 마음도 없어 보입니다. 게다가 아르바이트를 하면서도 공과금을 내는 데 돈을 보태지 않아요. 물론 월세가 비싸다 보니 부모님과 동거하는 기간이 길어지는 경우가 있다는 것은 알지만, 이 친구는 대학교에 가거나 경력을 개발하려는 계획도 없습니다. 친구들과 나가 놀거나, 휴가를 가거나, 취미 활동을 하는 데 번 돈을 대부분 씁니다.

제 친구들과 가족은 이 친구가 어른답게 살아본 적도 없고 예산을 짜거나 공과금에 관해 생각할 필요도 없었던 한량이니 저희가 동거라도 하게 되면 제 돈을 축낼 것이라며 그만 헤어지라고 합니다. 무슨 말인지는 알겠지만, 저는 이 친구와 정말

잘 지내고 있습니다. 어떻게 해야 할지 잘 모르겠습니다. 조언

을 부탁드려도 될까요?

이 남성의 상황에 공감할 수 있는 사람이 많으리라 생각한

다. 함께 있으면 당장은 즐거운데 평생을 함께하고 싶은지는 확

신이 서지 않는 사람을 만나본 경험이 다들 있을 것이다. 사회

는 특정 나이까지 도달해야 하는 목표와 이정표로 이루어진 일

종의 보드게임으로 우리에게 짐을 지우곤 한다. 이것이 다수에

게는 가장 좋은 삶의 방식일 수 있으나, 이 세상을 살아가는 단

하나의 타당한 방식은 아니다. 상대와 미래를 함께할지 안 할지

를 점치는 대신 현재를 즐겨도 된다. 미래에 어떤 일이 일어날

지 일어나지 않을지, 내가 무엇을 원할지 원하지 않을지, 상대

가 무엇을 할지 안 할지 상상에 빠지기란 너무도 쉽지만 동시에

부당한 일이기도 하다.

친구들과 가족이 내가 한 선택에 혼란스러워하는 상황이라

면, 가까운 사람들이 문제를 제기할 때는 진지하게 귀담아듣는

편이 좋고 서로 잘 맞는 것이 중요하기는 하나 이 순간을 즐기

는 것도 괜찮다는 말씀을 드리고 싶다. 관계가 자연스럽게 흘러

가도록 내버려두고 어떻게 전개되는지 시간을 두고 지켜보자.

　중요하게 기억할 것은 사람은 장래성이나 외모만이 다가 아니라는 점이다. 사람은 영혼을 지닌 존재다. 행복할 수 있는 능력이 있고, 취미를 즐기고 친구를 사귀는 방법을 알고, 타인과 소통할 수 있는 것은 매우 많은 인정을 받을 가치가 있다. 상대가 어떤 사람인지는 자격 사항보다 그 사람이 좋아하는 일에서 잘 드러난다. 외적 조건만으로는 상대가 어떤 사람이며 나의 삶에 어떤 영향을 미칠지 정확히 알 수 없다. 하지만 상대와 있을 때 어떤 기분이 드는지 보면 그 사람을 좋아하는지 아닌지 알수 있다. 그래서 나는 가상의 미래에 너무 집중하기보다는 실제로 현재의 나에게 맞는 것을 느끼고 따르라고 권한다.

　그렇지 않고 해야 한다고 생각하는 일만을 계속한다면 문제를 겪게 될지도 모른다. 제인 오스틴이 쓴 《설득》이라는 소설이 떠오른다. 소설 속 주인공 앤은 자신이 존경하는 지적이고 분별있는 사람이 장래성이 불확실한 젊은 신사를 거절하라고 조언하자 그 말에 설득당한다. (작가인 오스틴도 자신에게 관심을 보이던 남자가 오스틴처럼 가난하지 않은 여자를 고르라는 아버지의 말에 설득당해 이별한 경험이 있다. 어쩌면 그 경험이 소설에 영향을 주었을지도 모른다.) 《설득》은 마음에 반하는 합리적인 조언을 따랐을 때 어떤 결과가 나타날 수 있는지 경고하는 아름다운 이야기다.

집착은
사랑이 아니다

사람들이 흔히 하는 실수는 집착을 연결과 혼동하는 것이다. 나는 주인공이 '사랑에 빠지는' 모티프를 반복하는 전형적인 할리우드식 로맨스 영화에도 책임이 있다고 본다. 이런 영화 속 주인공은 수동적으로 휩쓸려가는 사랑을 한다. 주인공에게 일방적으로 사랑이 주어지는 모습을 보면 주인공이 마치 아기나 어린아이라도 되는 것 같다. 어린아이는 아무것도 하지 않고 그저 애정을 향한 갈망에 빠질 뿐이다.

이 점을 잘 보여주는 사례로 애인과의 관계에서 '불꽃'이 느껴지지 않는다는 한 여성의 사연을 소개한다.

애인과 저는 서른셋 동갑이고 만난 지는 2년쯤 됐습니다. 그는 다정하고 매력적인 사람이고 처음 만났을 때부터 안전하고 편안하고 포근한 느낌을 주었지만, 딱히 불꽃이 튀지는 않았어요. 이것은 지금도 마찬가지입니다. 하지만 서로 알아갈수록 나아지는 것도 있습니다. 전에 사귀었던 사람들과 달리 그는 세심하고 지적인 데다가 한결같이 친절하고 배려심이 많으며 마음이 넓습니다. 저는 그의 이런 성격을 정말 높이 평가하고, 과거에 남자들을 만나며 유쾌하지 않은 경험을 많이 했던 터라 이런 사람이 얼마나 진국인지 잘 알고 있습니다.

문제는 마음 한편으로는 확신이 들지 않는데 왜 그런지 모르겠다는 것입니다. 아무래도 저는 대화를 더 주도하거나 모험을 더 시도하는 사람을 원하는 것 같아요. 하지만 그를 정말 많이 사랑하고 좋아합니다. 함께 있으면 즐겁고 사랑받는 느낌이 들며 섹스도 만족스럽습니다. 부족한 것은 하나도 없는 것 같지만, 관계에서 흥분과 설렘을 더 느낄 수 있었으면 좋겠어요. 그렇지만 제가 이전 연애에서 느꼈던 열정과 흥분은 건강하지 않은 역학 관계에서 왔을 것 같다는 생각도 듭니다. 상대가 저와의 관계를 어떻게 생각하는지 전혀 알 수 없는 연애만 했으니까요.

그래서 어떻게 해야 할지 모르겠고 불안합니다. 마음이 시시각각 바뀌는 것 같아요. 애인을 아끼고 상처 주고 싶지 않아서 그와 이런 이야기를 하고 싶지는 않습니다. 그는 지금 관계에 만족한다고 합니다.

우리는 상대가 자신을 어떻게 생각하는지 확신이 없을 때는 집착하다가 상대가 마침내 긍정적인 관심을 보이면 희열을 느끼는 경향이 있다. 반면에 긍정적인 관심만 받을 때는 이것을 당연하게 여기기 쉽다. 앞에서 말했듯 안정된 관계에서는 희열의 원인인 절망을 느낄 일이 없다. 대신 천천히 꾸준하게 관계를 쌓아가다 보면 더 오래가는 기쁨을 누릴 수 있다.

대개 이런 자극적인 사랑에 중독된 사람들은 담배나 술을 끊기로 결심한 사람들을 연상시킨다. 중독자에게는 보통 두 가지 면이 있다. 중독이 나쁘다는 것을 아는 분별 있는 면과 아무 생각 없이 담배나 술, 마약, 혹은 애인을 찾는 충동적인 면이 공존한다. 담배에 중독된 사람은 건강에 해롭다는 것을 알면서도 이런 생각을 말로 표현하지 않고 담배에 또 불을 붙인다. 의사결정 과정 없이 그냥 피우고 보는 것이다. 술에 중독된 사람은 첫잔이나 두 번째 잔을 마실 때 들었던 기분을 떠올리며 술을 마시고 싶다는 생각이 간절해진다. 다음 날 아침에 들 기분이나 일단 마시기 시작하면 멈출 수 없다는 사실을 오래 생각하지 않고 좋은 부분만 기억하며 인생을 좀먹는 불행과 널뛰는 감정을 애써 외면한다. 나는 자극적인 사랑에 중독된 사람들에게 당신의 이상형은 당신에게 이상적인 사람이 아니라는 말을 종종 한다. 파트너를 고르는 것은 커튼을 고르는 것과 다르다. 커튼은 처음에는 산뜻하다가 점점 색이 바래지만, 관계는 계속해서 성장하고 발전한다. 성숙한 사랑은 연애 초기의 뜨겁고 설레는 감정보다는 서로 배려하고 상대를 위해 무언가를 해주는 것이 핵심이다. 성숙한 사랑은 또한 상대가 충족감을 찾을 수 있게 서로 지지하는 것을 뜻한다. 이런 사랑을 한다? 와, 이것은 완전히 다른 차원의 사랑이다. 수동적 사랑이 아닌 동사로서의 사랑이자 행동으로서의 사랑이며, 꾸준하고 헌신적이며 마음껏 누릴 수 있는 한결같은 친절이다. 우리가 원한다고 생각하는 사랑이 아닌 우리에게 필요한 사랑이다. '우리처럼 사랑한 사람은 아무도 없다'라며 흥분하고 집착하는 광적인 사랑, 그런 사나운 바다 같은 사랑이 아니라 상상했던 것보다도 깊이 흐르는 잔잔한 호수 같은 사랑이다. 이런 사랑을 하면 어린 시절의 오래고 오랜 상처는 치유되고, 익숙한 구덩이에 다시 빠지는 사랑이 아닌 행동으로 보여주는 사랑의 기억들로 바뀌어나갈 것이다. 그러니 갈망의 덫에 빠지지 말고 사랑을 하라. 이 편이 장기적으로 훨씬 나으며 더 지속 가능한 관계로 이어진다.

> ✳ **일상의 지혜** ✳
>
> 사람들은 사랑을 빠지는 것으로 착각하지만, 사랑은 그 이상의 것이다. 다정하게 행동하는 것은 우리가 스스로 할 수 있는 일이다. 사랑은 수동적이기만 한 것이 아니다.

고대 그리스의 극작가인 아리스토파네스는 사랑의 기원을 설명하며 인간은 신에 의해 반으로 잘렸고 모든 사람에게는 완벽한 반쪽이 있으므로 우리가 할 일은 그 반쪽을 찾는 것뿐이라고 말했다. 우리는 결코 반으로 잘리지 않았고 완벽한 짝이란 없으니, 아리스토파네스는 책임져야 할 것이 많다. 하지만 세 가지가 도움이 될 수 있다. 첫째는 헌신이다. 헌신이 없으면 문제가 생겼을 때 해결해 나가는 대신 도망갈 가능성이 더 높으므로 관계가 잘 유지될 가능성이 훨씬 작다. 둘째는 내가 느끼는 감정에 상대가 책임이 있다고 생각하지 말고 제 감정을 스스로 책임지는 것이다. 셋째는 시간이다. 사연자는 "서로 알아갈수록 나아지는 것도 있다"라고 했다. 오래가는 사랑에서 중요한 것은 바로 이것이다. "그는 나를 사랑한다, 그는 나를 사랑하지 않는다"라고 말하며 꽃잎으로 상대의 마음을 점칠 때 느끼는 짜릿한 불확실성이 아니다.

관계에는 섹스 이상의
의미가 있다

새 연애를 시작한 지 2년쯤 됐다는 70대 여성이 얼마 전 사연을
보내왔다. 관계 자체는 순조롭게 흘러가고 있고 오래 만날 수
있을 상대라는 생각도 들지만, 한 가지가 걸린다는 내용이었다.

> 저는 성적으로 매우 왕성한 사람입니다. 섹스는 저에게 엄청
> 난 기쁨이에요. 겉으로 드러나는 육체적 행위뿐만 아니라 감
> 정을 나누고, 유희를 즐기고, 마음을 열고 속을 터놓는 모든 과
> 정이 즐겁습니다. 제 애인은 이혼했고, 성적으로 경험이 많지
> 는 않은 것 같습니다. 제 생각에는 성적으로 억압되어 있지 않
> 나 싶어요. 저는 우리가 육체적으로도 깊은 관계가 되기를 바
> 란다고 늘 솔직하게 말하지만, 아직은 그런 적이 한 번도 없습
> 니다.
>
>   애인은 심장이 많이 안 좋다 보니 혹시라도 문제가 생길까
> 봐 육체적 관계는 없이 지금 관계를 그대로 유지하고 싶어 합
> 니다. 의사가 비아그라를 써도 된다고 허락했는데도 말이에
> 요. 더 깊은 관계를 원한다는 말에 퉁명스럽게 반응하며 저의

욕구와 바람에 무신경한 모습을 보이니 속상합니다. 이것만 빼면 이 사람은 모든 면에서 제가 기다려오던 사람이에요.

간단한 문제처럼 보이기는 합니다. 제가 떠나면 되겠지요. 하지만 저희는 지적인 면도 그렇고 다른 면에서는 모두 잘 맞습니다. 애인과 저는 둘 다 70대 초반입니다. 잘 맞는 상대를 찾기가 절대 쉽지 않은 나이예요. 그렇다고 관계를 유지하자니 다시는 섹스를 못 한다는 슬픔이 너무 클 것 같고, 속으로 원망이 쌓여서 이 사람을 존중하는 마음이 무너질지도 모른다는 생각이 듭니다.

저는 가끔 만나는 애인을 따로 구해서 제 이런 면을 충족하고 다른 모든 면에서는 이 사람과 평생을 함께하면 어떨지 상상하기도 합니다. 그가 동의해줄까요? 그럴지도 모르지만, 아무래도 그럴 일은 없을 것 같네요.

동반자와 맺는 관계는 대체로 다음과 같은 단계를 거친다고 볼 수 있다.

　　1단계_성관계를 하기 전이며 동거하지 않음
　　2단계_성관계를 하며 동거하지 않음

3단계_성관계를 하며 동거함

4단계_성관계를 더 이상 하지 않으며 동거함

물론 성생활을 계속 이어가는 사람들도 있지만, 노년에 이르면 젊었을 때만큼 활발하지는 않을 것이다. 성관계의 빈도는 서서히 줄기도 하고, 아이가 생기거나 병에 걸리거나 하면 상대적으로 급격히 줄기도 한다. 성관계가 줄어들 때 안정감이 흔들릴 수 있는 것은 애초에 관계를 시작하게 된 이유가 서로 강한 육체적 끌림을 느꼈기 때문인 경우가 많아서다. 시간이 지나면서 자연스럽게 줄어드는 것과 조율할 수 없는 의견 차이 때문에 줄어드는 것을 혼동하지는 말자.

✳ **일상의 지혜** ✳

두 사람 사이가 멀어지면 섹스의 빈도가 줄 수 있지만, 섹스를 덜 한다고 해서 사이가 멀어지는 것은 아니다. 중요한 것은 성적인 것이든 아니든 간에 관심을 끌려는 상대의 시도에 화답하는 것이다.

성적인 관계는 어떤 식으로든 지위와 관련된 경우가 많다.

관계가 악순환에 빠지면 서로 위하고 지지하며 즐거움을 나누는 일보다 누가 권력을 가졌는지가 더 중요해질 수 있다는 뜻이다. 조심하지 않으면 친밀했던 관계가 '누가 최고인지'를 두고 경쟁하는 관계로 변질될 수 있다. 이것은 심리적으로 민감한 사람이 아닌 이상 잘 이야기하지 않거나 알아차리지 못하는 경우가 많으며, 연인이나 부부 사이에서는 매우 복잡할 수 있다.

관계에서는 각자에게 필요한 경계와 타협해야 하는 부분을 명확히 정해야 할 때가 많다. 나는 섹스를 하고 싶어 하지 않는 사람에게 압박을 가해서는 안 된다고 믿는다. 섹스를 하기 싫다는 사람을 논리적으로 설득할 수는 없다. 물론 상대는 가슴이 아프고 불만스러울 수 있겠지만, 우리에게는 저마다 제 몸을 돌보고 자신에게 필요한 것을 알아낼 책임이 있다.

어떤 사람들은 섹스가 상대에게도 같은 의미일 것이라고 짐작하는 경향이 있다. 의식적으로 하는 생각은 아니고 당연하게 여기는 것인데, 보통 이런 생각을 입 밖으로 꺼내지는 않는다. 그래서 상대가 애정 표현이나 섹스, 자위에 접근하는 방식이 자신과 다르다는 사실을 알게 되면 충격을 받는다. 기억할 점은 사람들은 저마다 다른 성性 태도를 형성하게 된다는 것이다. 성에 관한 무의식적인 생각을 (어쩌면 자신에게조차) 말로 표현하는

데 익숙하지 않은 사람이 많을 수 있으므로 설명하거나 이야기하기 어려운 주제일지도 모른다. 하지만 나는 서로 어떤 생각을 하고 있는지 진정으로 이해하고 상대의 관점에 공감하는 것이 중요하다고 생각한다. 문제를 옳고 그름의 관점에서 보지 않도록 주의하고 대화의 창구를 열어두라.

유감스럽게도 우리의 몸은 청년기에 정점에 이르며, 나이가 들면 탱탱하던 피부를 잃은 것이 서글플 수 있듯 예전처럼 섹스를 하루에 두 번 할 수 없다는 것도 애석하게 느껴질 수 있다. 하지만 그렇다고 해서 상대를 사랑하고 소중히 여길 줄 아는 능력이 줄어든 것은 아니다. 그리고 예전만큼 자주는 아니어도 가끔은 살이 불거져 나오고 쑤시고 아픈 몸으로도 훌륭한 섹스를 즐길 수 있다. 결혼 생활을 지탱해주는 것은 멋진 섹스를 자주 하는 것이 아니라 관심을 끌려는 상대의 시도를 받아주는 것이다. 즉 배우자가 말을 걸거나(섹스에 관한 것이 아니더라도, 반려묘처럼 일상적인 주제에 관한 말일 수도 있다) 반응을 원하는 것처럼 보일 때 이런 소통 시도에 반응하는 것, 다시 말해 화답하는 것이다. 화답하는 것은 상대가 원하는 대로 해주는 것을 반드시 의미하지는 않으며, 상대의 말을 경청하고 이해했다고 알려주는 것을 뜻한다. 가트맨 연구소Gottman Institute의 연구 결과에 따르면 부부 사이에서 소통 시도를 서로 받아주는 비율이 열 번 중 일곱 번이면 결혼 생활이 순탄하지만, 세 번 미만이면 문제가 생길 가능성이 크다고 한다.

좋은 결혼 생활의 또 다른 지표는 성적 접촉이 꼭 아니더라도 부부간에 애정 어린 접촉이 있는지다. 함께 있을 때 편안함을 느낀다는 것은 생각과 감정을 공유할 수 있다는 뜻이다. 서로 너무 자주 경쟁심을 느끼거나 도덕적 우위를 점하려고 다투지 않는 것도 오래 지속되며 서로에게 힘이 되는 유대를 형성하는 데 도움이 된다. 시간이 갈수록 부부는 추억과 자녀 양육 등 매우 많은 것을 공유하게 되므로 사랑을 섹스로 표현하는 일이 줄어든다. 그리고 다른 것들이 점차 섹스를 대신해 두 사람을 결속하는 역할을 맡게 된다. 관계를 단단하게 만들어주는 것은 이를테면 그저 함께 있는 것을 즐기는 것처럼 관계에서 일어나는 다른 것들이다. 결국 대부분의 사람에게 섹스보다 훨씬 더 필요한 것은 동반자 관계일 것이다. 그러니 잘 맞는 동반자는 매우 소중히 여겨야 한다.

하지만 사연자는 섹스가 포기하기에는 너무나 중요하다고 결론 내렸다. 이후 애인이 자신을 정부와 공유하고 싶어 하지 않아서 이별을 택했다는 편지를 보내왔다. 그는 현재 새로운 생활을 탐색하고 있다. 최선의 결정이었는지는 시간이 말해줄 것이다. 내 말이 늘 옳은 것은 아니다.

내려놓음의
힘

내가 예전에 상담했던 한 남성은 자신이 맞고 상대는 틀렸던 일을 몇 번이고 이야기하곤 했다. 처음에는 그의 말에 동조했지만, 비슷한 이야기를 많이 듣다 보니 무언가가 그를 가로막고 있다는 생각이 들었다.

그는 과거에 있었던 일이나 어린 시절에 관해 말하기를 꺼렸고, 문제의 원인이 현재, 더 정확히는 '다른 사람'에게 있다고 확신했다. 나는 그에게 나도 곧 그 다른 사람 중 한 명이 될까 봐 겁이 난다고 말했고, 그런 일은 실제로 일어나고 말았다. 한번은 내가 상담 시간을 잘못 안 적이 있었다. 분명 내가 부주의해서 생긴 유감스러운 실수였지만, 그는 이 일을 빌미로 나를 괴물로 몰아가려 했다. 상담이 4회기 진행되는 동안 내가 얼마나 큰 잘못을 했는지 듣는 것은 매우 지치는 일이었다. 결국 제풀에 시들해진 그는 주변 사람의 잘못에 관한 이야기로 다시 돌아갔고, 나는 그에게 최초로 잘못을 한 사람에 관해 말해보도록 권했다.

그때 그는 성적 학대를 당하고 있다는 말을 믿어주지 않았던 어머니에 관해 털어놓았다. 어머니는 그를 보호하지 않았고, 결국 그가 스스로 상황을 벗어날 수 있을 만큼 나이를 먹기 전까지 그를 몇 번이고 위험에 빠뜨렸다. 이것은 그가 살면서 겪은 가장 부당한 일이었고 마주하기 고통스러운 경험이었다. 그때를 떠올리면 학대를 당하며 느꼈던 공포와 분노, 나약하고 무력한 감정과 상처가 그대로 되살아났다. 그러니 과거 이야기를 그렇게 꺼렸던 것도 당연했다. 하지만 어린 시절의 기억을 마주하자(학대의 경험을 돌아보고 이제는 그도 성인이며 자기 삶을 통제할 수 있다는 사실을 깨닫자) 만사를 남의 탓으로 돌릴 필요성이 점차 사라지기 시작했다. 인간관계가 좋아지고, 갈등이 줄어들고, 직장 생활이 나아지기 시작했다. 그는 이제 내가 가끔 잘못을 해도 악마로 몰아세우지 않았다.

이 내담자의 행동은 누구나 할 수 있을 법한 행동이다. 과거의 역학 관계를 바탕으로 현재를 살아가는 것 말이다. 그는 이 역학 관계를 벗어나는 법을 배우고 나서 다른 사람에게 영향을

받거나 감화될 수 있게 됐다. 자기가 늘 옳다는 자만심을 버릴
수 있었고 상대를 믿고 따르는 법을 배웠다. 물론 그는 분별력
이 있었으므로 그의 삶에 사랑을 더해줄 소수의 사람 앞에서만
자신을 내려놓았다.

　우리는 우리를 알고 사랑하는 사람들에게는 특별하지만, 그
렇다고 해서 다른 누구보다 더 특별하지는 않다. 그는 처음 나
를 찾아왔을 때 자신이 굉장히 특별한 존재라는 확고한 믿음을
가지고 있었고, 이 믿음은 자기가 늘 옳다는 생각으로 이어졌
다. 사람들은 이 바람직하지 않은 성격적 특성을 수 세기 전부
터도 인식했다. 옛날에는 교만의 죄^{Sin of Pride}라고 불렀고, 실제
로 옥스퍼드대학교에서는 1684년 한 졸업생이 기금 마련을 위
해 유산을 증여한 뒤로 해마다 이 죄를 주제로 설교가 열리고
있으니 새로운 이야기는 전혀 아니다.

　2022년에 이 설교를 맡아달라는 요청을 수락했던 것은 내가
아는 지혜를 전해야 한다는 열정에 불타서도, 사람들에게 도움
을 주고 싶어서도 아니었다. 나의 목적은 복수였다. 나는 인생
의 대부분을 진단되지 않은 난독증 환자로 살았다. 나의 난독
증은 청각 처리 장애^{auditory processing disorder}라고 하는 것이 원인
이다. 소리를 모두 구별해 들을 수는 있지만 의미를 이해하려면

시간이 다소 걸린다는 뜻이다. 온갖 복잡한 진단명이 세상에 널리 알려지기 전 나는 '그다지 똑똑하지 않은' 사람으로만 분류됐다. 글을 읽는 속도가 느렸고, 말라프롭 부인*처럼 말실수가 잦았으며, 철자를 맞게 쓰지 못했다. 대학교에 갈 수 있을 만한 학생이 분명 아니었고, 옥스퍼드대학교는 당연히 언감생심이었다. 부모님은 나를 그런 똑똑한 남자에게 시집보내면 되겠다고 생각하고 당시 런던 세인트자일스에 있던 옥스퍼드앤드카운티비서 대학에 나를 등록시켰다. 맞춤법 검사가 발명되지 않았던 시절에 난독증 환자에게 속기와 타자 수업을 듣게 한 것은 내 판단에 '그다지 똑똑하지 않은' 범주에 속하는 결정이었고, 아니나 다를까 나는 낙제했다.

이처럼 교육을 제대로 받지 못했는데도 나는 꾸준히 일을 했고, 심리치료사가 됐으며, 논문과 책을 썼고, 다큐멘터리와 팟캐스트, 라디오 쇼에 출연했고, 전국 신문에 매주 칼럼을 연재하고 있다. 한때 나를 괴롭혔던 말과 글이 이제는 나의 생계를 책임지고 있다. 하지만 분명히 성공을 거뒀는데도 어렸을 때 붙

---

* 18세기 영국 극작가 리처드 셰리든의 희곡 〈연적The Rivals〉에 등장하는 인물로 발음은 비슷하나 뜻은 완전히 다른 단어를 자주 쓰는 우스꽝스러운 사람으로 그려진다.

은 '그다지 똑똑하지 않다'라는 딱지 때문에 자존심에는 여전히 상처가 남았다. 그래서 설교 요청을 받았을 때 지금은 작고하신 초등학교 시절 선생님들에게 내가 옥스퍼드대학교에서 설교하는 영예를 얻을 정도로 아주 조금은 똑똑할지도 모른다는 것을 보여주고 싶었다. 설교의 주제가 교만의 죄였으니, 이것이 얼마나 아이러니한 생각이었는지는 나도 잘 안다.

내가 이해하기로 교만의 죄는 요즘 사람들이 나르시시즘이라고 부르곤 하는 것과 유사한 점이 많다. 태어날 때부터 자기애나 자만심이 넘치는 사람은 없으며, 성장 환경에서 이런 성격적 특성을 습득한다. 대부분은 어린 시절에 자신이나 가족이 우월한 존재로 대우받았거나, 반대로 아무것도 아닌 존재로 취급받아서 보상 심리가 생긴 결과다. 나르시시스트는 자기를 '최고'나 '제일'로 여기며 특별한 대접을 받고 싶어 한다. 자기 이미지에 지나치게 투자하는 것은 나르시시즘의 징후다. 오늘날 나르시시즘은 우리 사회의 표준이 됐다. 물질적으로 급성장하는 것이 진보의 척도가 됐고, 지혜보다 부가 높은 지위를 차지하고 있으며, 존엄보다 악명이 선망받는다. 정치인도 제도도 문화도 나르시시즘에 젖어 있다. 우리는 이미지를 지나치게 중시하느라 진실은 뒷전인 문화 속에 살고 있다.

그렇기는 하지만 자신을 자랑스러워한다고 해서 모두 자기애가 과한 것은 아니다. 내 아이, 내 친구, 내가 이룬 것이 자랑스러울 수는 있다. 다만 내 사람이나 내 성취가 우월하다고 생각하는 버릇을 들여서는 안 된다. 그때부터는 건강한 자부심이 다른 사람을 깎아내리는 병적인 자만심이 된다.

내려놓음은 지나친 자만심이나 자기애의 해독제다. 정신과 의사 로널드 랭이 만든 '대화 공포증diaphobia'이라는 용어가 있다. 진정한 대화를 두려워한다는 말인데, 다시 말해 타인에게 영향을 받거나 감화되는 것을 두려워한다는 뜻이다. 내려놓는 것은 이 두려움을 놓아버리는 것이다. 예를 들어 대화의 통제권을 내려놓는 것은 상대를 조정하려 하지 않고 상대의 영향을 잘 수용하는 것을 의미한다. 내려놓는 것은 또한 상대에게 어떻게 받아들여질지 모르면서도 자신의 일부를 내보이는 것이다. 경계를 늦추고 자기를 솔직하게 드러내는 것이다. 남들이 내가 바라는 대로 나를 봐주지 않는다는 어쩔 수 없는 사실을 인정하는 것이다. 나를 이러저러한 사람으로 봐달라고 요구하지 않는 것이며, 상대가 말하고 있을 때 다음에 무슨 말을 할지에 집중하지 않는 것이다. 결국 내려놓음은 상대의 말이 나에게 영향을 주고 나를 변화시킬 수도 있다는 가능성에 마음을 여는 것이다.

대화에 자신을 내맡긴다면 어떤 결과에도 마음이 열려 있으므
로 대화가 어디로 이어질지 알 수 없다. 내려놓음은 또한 타인
을 있는 그대로 받아들이고 신뢰하는 것이다.

　다른 사람 앞에서 자기를 내려놓는 것은 모험이자 사랑의 행
위다. 내려놓는 것은 자존심을 버리는 것이고, 통제 행동을 멈
추는 것이며, 일어날 일은 일어나리라는 믿음을 가지는 것이
다. 우리는 집단 과정group process*에 따를 때 자신보다 더 큰 무
언가에 속하는 경험을 하면서 고양된 기분을 느낄 수 있다. 다
른 사람을 따르는 것은 개개인보다 더 큰 무언가가 될 기회를
자신에게 주는 것이다. 이것은 더 강한 사람에게 굴복하는 것이
아니라 타인과의 관계 속에서 성장하는 데 방해가 되는 경직된
태도를 내려놓는 것이다. 물론 내려놓는 행위에는 위험이 따른
다. 상어에게 자신을 내맡긴다면 상어 밥이 되고 말 것이다. 하
지만 자기를 과감히 내려놓지 않는다면 타인과 연결되지 못하
고 더 넓은 세상에 충분히 기여하지 못할 위험이 있다.

　다른 사람을 나르시시스트라거나 이러저러한 사람이라고
규정하는 것은 나를 상대보다 우월한 위치에 놓는 것이다. 그

＊ 집단 안에서 이루어지는 구성원들의 상호작용

러면 어떻게 해야 할까? 상대를 규정하는 대신 나 자신을 규정해야 한다. "그 사람은 깡패야"라고 말하는 대신 "나는 그 사람이 겁나"라고 더 개인적이고 구체적인 피드백을 할 수 있다. 판단을 접어두는 것도 생각해봐야 할 방법이다. "오, 아주 훌륭했어"라고 말하는 대신(마찬가지로 내가 대상을 판단하는 우월한 위치에 놓이게 된다) "그 경험으로 깨달음을 얻었어", "즐거웠어", "그때 불편했어"라는 말로 내가 한 경험을 표현할 수 있다. 나는 무언가를 좋거나 나쁘다고 판단하는 대신(나의 주관적 경험을 객관적 판단처럼 들리게 하는 대신) 개인적인 반응만 설명하면 된다고 생각한다. 둘 사이에는 차이가 있다. 물론 늘 이렇게 할 수는 없지만, 그렇다고 해서 목표로 삼지 못할 이유는 없다.

나는 정반대의 감정인 수치심에서 비롯되는 자만심 또한 경계한다. 과거에 입은 상처가 자만심으로 이어지는 경우를 말하는 것인데, 이를테면 내가 과거에 타자 시험을 통과하지 못했기 때문에 지금 책을 쓰고 칼럼을 연재하는 것을 자랑스러워하는 것과 마찬가지다. 나의 이런 감정에는 약간의 복수심, 심지어 분노가 섞여 있다. 마치 지금은 돌아가신 선생님들이 내가 느꼈던 수치심을 느끼기를 바라는 것 같기도 하다. 겸손이라고는 찾아볼 수 없는 태도다. 우리는 수치심이 우리를 완전히 무너뜨리기라도 할 듯 수치심을 최대한 느끼지 않으려고 무의식적으로 반응한다. 하지만 그저 반응하는 대신 수치심을 느꼈던 상황과 자신이 그 상황에서 한 역할을 솔직하게 곰곰이 생각해본다면 수치심이 우리를 죽이지 않는다는 것을 깨닫게 될 것이다. 수치심이 자만심으로 발전하는 것은 어린 시절에 받은 학대가 나르시시즘으로 발전하는 것과 같다. 자만심을 버리고 겸손을 받아들이는 것은 통제와 판단을 멈추고 좀 더 내려놓음을 실천하는 것과 비슷하다.

✳ 일상의 지혜 ✳

자신에게 상처를 주었던 사람과 오래전에 연락이 끊겼다고 해도, 우리의 정신은 적이 있는 것에 익숙해지면 다른 적을 찾아내려 한다. 이것은 우리가 다른 사람들과 견고한 관계를 맺기 위해 극복해야 하는 장애물이다.

단단한
자기감 유지하기

타인과의 연결은 인간의 근본적 욕구이지만, 자신만의 관심사를 가지고 있는 것도 중요하다. 그래야 내가 타인에게 어떤 존재인지뿐만 아니라 내가 즐기는 것에서 자기감$^{sense\ of\ self}$을 얻을 수 있다. 이는 특히 부모라면 더욱 그렇다. 부모(또는 형제자매나 애인, 친구)라고 해서 단 한 가지 유형의 사람이 되는 것을 의미하지 않는다. 우리는 누구도 고정된 존재가 아니며, 인간은 그보다 더 유연하며 변화무쌍한 존재다.

성인 간의 건강한 관계란 관계 밖에서 충족감을 찾도록 서로 지지하는 것을 의미한다. 배려와 지지가 일방적으로 이루어진다면 서로 사랑하는 관계가 아니라 한쪽이 순교자 역할을 하고 있는 것처럼 보인다. 내가 전하고 싶은 말은 순교자를 자처하지 말라는 것이다. 우리는 야심을 가지고 자신을 충족시켜줄 수 있는 일을 위해 노력할 수 있으며, 그러면서도 행복한 동반자 관계를 유지할 수 있다.

아래 메일을 보내온 여성은 어느 여름 격정적인 열애 끝에 지금의 남편과 어린 나이에 바로 결혼했다. 당시 그는 막 열일

곱 살이 된 나이였고 남편은 스물한 살이었다. 남편과의 연애는 인생 최고의 사랑처럼 느껴졌고, 남편이 열어준 자유의 세계에서 파티와 여행을 즐기고 멋지고 흥미로운 사람을 수도 없이 만나며 그는 자신을 발견할 수 있었다.

아이 둘을 키우며 20여 년의 세월이 훌쩍 흘러버린 지금, 제 삶을 돌아보며 사랑에 빠졌던 그 여름을 다시 그리워하고 있습니다. 행복했던 그 시절로 돌아가고 싶어요. 지금 제 마음은 후회로 가득하고 저 깊은 곳에서는 분노가 끓어오릅니다.

남편과 저는 친구도 없이 고립된 생활을 하고 있습니다. 사람들과 어울리려면 돈이 많이 들어서, 지난 15년 동안 제 수입으로만 생활하고 있는 처지로서는 사교 생활 역시 포기할 수밖에 없었습니다. 일은 제 도피처이자 다른 사람을 만날 기회였지만, 팬데믹이 닥친 뒤로 집에서 일하게 됐고 이제는 재택근무로 완전히 전환됐어요.

이 기간에 저는 제가 남편을 견디지 못한다는 사실을 깨달았습니다. 남편을 여전히 매우 사랑하고 아끼지만, 남편이 곁에 있는 것을 참을 수 없어요. 저는 야심도 있고 자유롭게 일하고 싶은데, 남편은 제가 집에 묶여서 자기 시중을 들기를 바랍니다.

남편과 제가 바라는 관계의 모습은 너무 다르고, 대화를 나누며 제 감정을 설명하고 남편의 감정을 인정하려고 아무리 노력해도 바뀌는 것이 없는 것 같아요.

저희는 이제 서로 잘 맞지 않는 것 같습니다. 남편을 잃고 싶지는 않지만, 언제까지 이런 불행한 마음으로 살 수 있을지 모르겠습니다. 저는 성인이 된 뒤로 남편의 요구를 들어주고 남편을 행복하게 해주는 데 제 인생을 전부 바쳤어요. 저는 언제쯤 행복해질 수 있을까요?

관계 초기에 상대가 '나이가 많고 현명한 사람'의 역할을 맡았다면 상대의 비위를 맞추려고 나를 이리저리 굽히고 바꾸는 과정에서 나의 욕구와 요구를 잃어버리는 일이 특히 더 자주 일어난다. 이해할 수 있는 일이다. 관계에서 얻는 유대감과 친밀감은 값을 매길 수 없을 만큼 소중하니 말이다. 하지만 상대가 원한다고 생각하는 모습에 맞추느라 나를 잃어버리면 외롭고 우울한 감정이 찾아올 수 있다. 우리는 되어야 한다고 생각하는 모습이 아닌 제 진짜 모습으로 대부분 시간을 보내야 하며, 그렇지 않으면 지지받지 못하고 고립되고 단절된 느낌을 받을 위

험이 있다. 나 자신을 더 돌아보는 법을 배우면 죄책감을 내려
놓을 수 있다. 자기 인식이 높아지면 자기 욕구를 알아차리는
법을 알게 된다.

내가 드리고 싶은 일반적인 조언은 관계를 떠나 우정이나
일, 다른 관심사 등 삶의 다른 영역을 돌아보고 자신이 무엇을
원하는지 진정으로 알아갈 기회가 있었는지 생각해보라는 것
이다. 사람들은 이상적인 연애 상대나 '평생의 짝'을 찾는 이야
기를 자주 하고, 우리 사회는 동반자 관계라는 개념을 중심으로
구성되어 있지만, 나는 때로 행복이 집단 안에서 더 쉽게 찾을
수 있는 게 아닌지 궁금할 때가 있다. 다양한 관계에서 채워질
수 있는 욕구를 한 사람이 모두 채우기는 어려우며, 한 사람과
의 관계에 모든 에너지를 쏟으면 그 사람에게 지나치게 의존할
수도 있다.

다른 사람에게 맞추는 것은 기술이다. 맞춰주는 법을 배우
고 이런 성향을 더 키워야 하는 사람이 있는가 하면, 반대로 줄
여야 하는 사람도 있다. 상대에게 너무 철저히 맞추며 나의 감
정을 살피기보다 상대의 감정을 헤아리는 데 더 큰 노력을 기울
인다면 상대와 관계를 맺을 나라는 사람은 사라지게 된다. 이렇
게 해서는 나 스스로와 관계를 맺는 것도 어려워진다. 나와 타

인의 경계를 세우는 것은 자신과 단단한 관계를 맺는 데 중요하다. 사람들이 나의 경계를 잘 알고 넘지 않으려고 최선을 다한다면, 명확하게 내가 용인할 수 있는 것과 없는 것을 말할 필요가 거의 없다. 우리는 대개 배우자나 애인과의 관계에서든 다른 관계에서든 서로 지켜야 할 조건을 정하지 않으며, 어떻게 하면 각자의 영역을 침범하지 않을 수 있을지 본능적으로 이해한다. 하지만 때로는 자세한 설명이 필요할 때도 있다.

그러려면 먼저 어디에 선을 그을지 정하고 명확히 해야 한다. 경계를 세울 때는 늘 자신의 한계가 어디까지인지 알아야한다. 경계가 정해져 있으면 잔인하게 굴 것 없이 친절하게 선을 긋고 이것이 왜 필요한지 알려주면 된다. 다만 그 경계를 유지하겠다는 결심이 충분히 서 있어야 한다. 선을 긋는 것은 연습을 많이 해보지 않았다면 특히 더 어려운 일일 수 있는데, 우리 모두에게는 극복해야 할 학습된 습관이 많기 때문이다. 우리는 다른 사람을 늘 배려해야 한다는 말을 듣고 자랐다. 모든 사람이 서로 존중한다면야 괜찮지만, 그렇지 않으면 타인을 존중하지 않는 사람에게 부당한 이익이 돌아간다. 내가 정말 친절하게 대해야 할 사람은 나 자신이지 내가 바라는 것을 무시하기로 작정한 듯한 사람이 아니다. 언젠가 내 칼럼의 독자가 죄책감과 원망 중 하나를 택해야 한다면 죄책감을 택하라는 댓글을 남긴 적이 있다. 현명한 말이다. 나도 당신에게 같은 충고를 건네고 싶다. 죄책감을 택하라.

우리는 누군가에게 빠지면 그 사람을 신뢰하고 어느 정도의 권한을 넘겨주게 된다. 이것은 사랑에 빠지면 자연스럽게 일어나는 일이다. 사랑에 빠진다는 것은 평등하고 상호적이며 대체로 즐거운 일이어야 한다. 하지만 한쪽만 일방적으로 권한을 넘겨준다면 강압적 통제coercive control가 일어날 위험이 있다. 여성 지원 단체들의 설명에 따르면 강압적 통제란 피해자를 해치거나 벌주거나 겁주기 위한 폭행, 협박, 모욕, 위협 등의 학대 행위나 행위 패턴을 말한다. 이런 학대의 징후를 알아볼 수 있어야 하겠지만, 학대는 일어날 수 있는 행동의 목록이 아닌 관계 역학으로서 존재한다. 학대는 다른 사람의 행동을 통제하려는 의도로 가하는 위해의 패턴이며 다양한 모습으로 나타날 수 있다. 상대가 버럭 화를 낼까 봐 특정 옷을 입지 않는 것도 한 예이다. 또 이런 통제적 관계가 연인이나 부부에 한정되지 않고 가족이나 친구들 사이에도 존재한다는 것이 중요하다.

다른 사람에게 통제당할 때 우리는 정서적 건강이 무너지며 관계에 갇힌 느낌을 받게 된다. 내가 가장 많이 보는 사람은 나를 비추는 거울 같은 존재가 되는데, 그 사람이 보여주는 이미지가 왜곡되어 있다면 자신감과 행복감은 더욱더 무너진다. 이런 힘든 상황은 오래 지속될수록 벗어나기가 더 어렵다. 강압적 통제는 위험하므로 익숙한 이야기처럼 들린다면 도움을 청하라. 계획을 세우고 한 번에 한 단계씩 실행하기를 권한다. 안전해질 때까지는 당신이 무엇을 하고 있는지 상대에게 말하지 마라.

기억하라. 당신은 그저 다른 사람의 요구를 들어주고 기분을 맞춰주기 위해 태어난 사람이 아니다. 당신은 주체적으로 살아갈 수 있으며 당신 자신 또한 돌볼 권리가 있다. 경계를 설정하고 자신의 욕구를 더 충족하며 자신의 목표를 이루려고 노력한다면, 즉 자신을 알고 존중하며 사랑하게 된다면 사람들도 따라 변화하며 당신을 사랑하고 존중하는 법을 배울 수 있다. 다른 사람의 허락 없이도 내가 원하는 삶을 살도록 스스로 허락하고 실제로 그런 삶을 살게 되면 관계에서 더 큰 만족감과 친밀감을 얻게 될 가능성이 매우 크다. 그 결과 관계가 더 돈독해지고 진정성 있게 발전하는 모습을 볼 수 있을 것이다.

> ✳ **일상의 지혜** ✳
>
> 죄책감과 원망 중 하나를 택해야 한다면 죄책감을 택하라. 그래
> 도 세상이 무너지지 않는다는 것을 알게 될 것이다.

 사연으로 다시 돌아가자면, 그는 남편의 허락이 없더라도 원
하는 삶을 살 자유를 자신에게 줄 수 있다. 사실 그러면 남편이
지금보다 덜 거슬릴 가능성이 매우 크며, 남편을 다시 따뜻하게
대할 수도 있다. 남편도 아내가 자신의 욕구를 더 충족한다고
해서 세상이 무너지지는 않는다는 것을 깨달을 수 있을 것이다.
연결은 중요하며, 우리는 단 한 사람이 아닌 더 많은 사람과 연
결되어야 한다. 우리에게는 다른 사람들이 필요하며 더 넓은 세
상이 필요하다.

 절대 바꾸지 말라고 압박하거나 원치 않는 삶을 강요하는 사
람이 주변에 있다면 그런 관계에서 빠져나와야 한다. 그동안 상
대가 동의해주기를 기다리고만 있었다면 이제는 무엇이 됐든
내가 원하는 일을 해야만 한다. 상대에게는 나와 함께할지 떠날
지 선택할 권리가 있다. 나는 그들의 마음을 돌릴 방법을 제안
하지는 않을 것이다. 그것이 핵심이 아니기 때문이다. 중요한

것은 원망으로 속을 끓이지 않고 최선의 삶을 살 수 있으려면 우리가 해야 할 일을 해야 한다는 것이다. 행복해질 시간은 지금이다.

　나는 관계를 '맺는' 옳은 방법은 따로 없다는 점을 분명히 말씀드리고 싶다. 견고하고 의미 있는 관계를 맺는 방법은 세상 사람들의 조합만큼이나 많다. 하지만 이번 장에 나온 사례들을 통해 당신이 관계를 어떻게 맺는지, 지금의 관계가 도움이 되는지, 변화를 꾀해야 할지를 새롭게 돌아볼 수 있었기를 바란다.

　처음에는 관계를 맺는 방식과 관련이 없어 보이던 개인적 문제도 좀 더 깊이 들여다보면 대개 관계의 문제라는 것을 알게 된다. 이는 불안이나 우울, 편집증 등에서도 마찬가지다. 사람은 타인과의 관계 속에서 형성되기 때문에 관계를 더 기능적이고 안정된 상태로 만들면 우리도 더 제 기능을 할 수 있게 된다.

　관계에 문제가 생기면 상대가 원인이라고 생각하기 쉽지만 실제로는 상대와 내가 함께 만든 문제인 경우가 대부분이며, 이것은 관계가 내가 바라는 만큼 견고하지 않다는 뜻이다. 관계에서 갈등을 풀어가는 일은 절대 쉽지 않으나, 갈등이 불가피하게 따라오는 것은 당연한 일이다. 다음 장에서는 이 주제를 함께 생각해보려 한다.

2장

우리는 어떻게 다투는가

개인 생활과 직장 생활에서 갈등에 대처하기

타인, 그리고 자신과 더 나은 관계를 맺으려고 아무리 노력한다
해도 관계에 문제나 다툼이 없을 수는 없다. 이런 까다로운 순
간을 헤쳐나가는 법을 배운다고 해서 주변 사람과 충돌할 일이
없어지는 것은 아니다. 우리는 모두 현상을 다르게 인식하므로
어떤 관계에서든 갈등은 일어나기 마련이다. 아무리 비슷한 사
람이라도 살아온 내력과 접근 방식은 저마다 다르다. 사람들은
같은 상황을 각기 다르게 경험할 것이며, 서로 다르다고 해서
한 사람의 관점이 다른 사람의 관점보다 반드시 더 타당하거나
덜 타당하지는 않다.

　하지만 배우자나 애인, 친구, 가족, 동료와 갈등과 오해가 생
겼을 때 괴롭지 않게 상황을 관리하는 방법이 있다. 우리가 각

자 어떤 상황에서 다투거나 상대에게 지나치게 맞추는지 이해하고, 갈등 상황에서 감정이 왜 격해지는지 더 잘 인식하며, 연민과 열린 마음을 더 가지려고 노력한다면 궁극적으로 더 효과적인 해결책에 도달할 수 있다.

사람들이 다투는 방식과 주제는 저마다 다르지만, 내가 발견한 몇 가지 일반적인 패턴이 있다. 이번 장을 읽으면서 어떤 논쟁 유형이 가장 친숙하게 느껴지는지 눈여겨보기를 바란다. 한 사람이 옳으면 다른 사람은 틀렸다는 생각 때문에 막다른 골목에 갇히게 되지는 않는가? 갈등을 회피하고 자신에게 정말 중요한 것까지 전부 포기하는 경향이 있지는 않은가? 감정에 귀 기울이는 대신 사실과 논리를 두고 다투지는 않는가? 물론 여러 논쟁 유형이 섞여 있는 경우도 있지만(보통은 하나의 논쟁에서도 여러 가지 유형을 찾아볼 수 있다) 각각의 내용을 살펴보며 자기 인식을 높여볼 수 있기를 바란다.

논쟁 #1:

생각, 감정, 행동

사람마다 주로 쓰는(또는 선호하는) 대처 방식이 있다는 것을 알면 타인의 경험을 이해하기가 더 쉬울 수 있다. 대처 방식은 대개 생각과 감정, 행동으로 나뉜다. 문제가 생겼을 때 생각으로 해결하기 좋아하는 사람이 있는가 하면, 제 감정을 먼저 들여다봐야 하는 사람이 있고, 행동 모드로 바로 들어가는 사람이 있다. 이 세 가지 방식을 문이라고 한다면 우리가 알아야 할 것은 어떤 문이 열려 있고, 어떤 문이 닫혀 있으며, 어떤 문이 잠겨 있는지다.

두 사람이 주로 쓰는 대처 방식이 서로 다르면 논쟁이나 의견 충돌 없이 문제를 함께 해결하기 어려울지도 모른다. 아래는 뇌졸중을 앓은 남편을 둔 여성이 보내온 편지다.

제 남편은 60대 과학자이고 모든 일을 머리로 해결하는 데 익숙하지만, 다시 걸을 수 있게 되기까지 신체적으로 열심히 노력해야 했습니다. 병원에서 휠체어를 타던 사람이 집으로 돌아와 보행 보조기를 끌다가 이제는 지팡이를 짚고 걸을 정도로 호전됐습니다. 하지만 남편은 회복이 더딘 것에 좌절하며 건강을 되찾기 위해 운동하는 대신 이 상황을 생각으로 해결하고 싶어 합니다.

저는 남편에게 운동하라고 잔소리를 계속하고 있는 느낌이고, 요즘은 제가 아내라기보다 엄마처럼 느껴집니다. 남편이 감정을 전혀 공유하지 않으니(예전에도 잘하는 편이 아니었는데 왜 이제 와서 기대하는지 모르겠네요) 화가 나고 원망스러울 때가 있고 남편에게 거리감도 많이 느껴집니다.

남편에게 어떤 감정을 느끼는지 표현해달라고 말해보려 했지만, 남편은 전혀 관심이 없네요. 고통스러운 사람은 남편인데 제가 남편에게 나쁜 감정을 품고 있다는 것이 죄책감이 들기도 합니다. 그동안 남편과 저는 고달픈 시간을 보냈습니다. 남편은 완전히 회복할 수 있을 것 같지만, 시간이 걸리고 있어요.

나는 이 편지를 읽으면서 사연자의 남편이 생각의 문은 열고, 행동의 문은 닫고, 감정의 문은 잠가놓은 것 같다는 생각이 들었다. 한편 사연자는 감정과 행동의 문은 열어놓았으나, 생각의 문은 더 닫아놓은 것 같다. 사연자와 남편 사이의 갈등과 사연자가 느끼는 원망과 분노는 두 사람이 서로 다른 문을 열어놓은 결과다. 다시 말해, 두 사람의 대처 방식이 서로 다르다는 뜻이다.

우리는 어려운 상황에 놓이면 사랑하는 사람이 더 자기 같기를, 즉 더 자기처럼 반응하기를 바란다. 하지만 사연자의 남편은 감당하기 버거운 일을 겪고 있으므로 우선은 자기 방식대로 대처할 수 있을 뿐 갑자기 아내의 방식대로 인생과 회복에 접근할 수 없다. 우리는 서로 다르다는 점을 기억하자. 종종 이러한 차이점이 다른 사람에게 끌리는 이유가 되기도 한다. 우리는 자기에게는 부족한 다른 사람의 자질을 원하거나 동경하는 경향이 있으면서도 위기가 닥치면 사람들이 자기처럼 행동하지 않는다고 화를 낸다. 가족이 아프거나 직장에서 어려운 일이 있거나 하는 근심거리가 생기면 유연성이 떨어지고 자기가 선호하는 방식을 더 고집하게 되는 것이 일반적이다. 말하자면 비상 모드로 들어가서 융통성이 더 없어지고 평소의 사고방식에 더 매몰되며, 타인의 관점에서 상황을 바라보기 어려워진다. 앞의 사례로 돌아가자면, 남편이 주로 쓰는 대처 방식을 이해하고 나서 남편의 '행동'의 문을 서서히 여는 '생각' 접근법을 찾을 수 있었다. 사연자는 의료진을 통해 처방받은 운동을 하면 새 신경 경로가 생긴다는 것을 설명하게 하자 남편은 운동해야겠다는

'생각'을 하기 시작했다.

　누군가가 아프거나 곤경에 처해 있으면 어떻게 하면 좋을지 조언해주고 싶은 유혹이 들 수 있다. 내가 말하는 대로만 하거나 보는 대로만 보면 상황이 나아질 거라고 믿는다. 이때 우리의 동기는 상대에게 너무 많은 감정을 느끼고 싶지 않은 마음에서 대개 기인한다. 상대가 느끼는 무력감과 취약함, 고통과 좌절은 내 안의 같은 감정을 건드릴 수 있다. 이런 힘든 감정을 함께 느끼고 싶지 않아서 대신 조언을 건네는 것이다. 하지만 원치 않는 조언을 받는 사람은 상대가 자신을 판단한다거나 밀어낸다는 느낌을 받기 쉽다. 생각해보라. 반려견이 차에 치였다면 슬픔에 공감해줄 사람이 필요하겠는가, 목줄 잡는 법을 조언해줄 사람이 필요하겠는가. 공감이란 상대의 감정을 밀어내거나 고치려 하는 것이 아니라 함께 느끼는 것이다. 이것은 늘 쉬운 일은 아니며, 상대가 감정을 느끼는 방식이 나와 다르다면 특히 더 그렇다. 위 사례에서 남편은 감정을 공유하는 것은 어려워했으나 생각은 공유할 수 있었고, 아내가 이런 어려움을 이해하고 공감해주자 갈등이 해결될 수 있었다.

　부모들을 보면 아이가 징징거리거나 우는 소리에 짜증을 내거나 심지어 분노를 느끼는 경우가 종종 있다. 아이의 감정 때문에 어린 시절의 내가 얼마나 연약한 존재였는지 떠올리게 되거나, 내가 어찌할 수 없는 상황에서 무력감을 느끼는 게 부끄럽다고 인정하기보다는 분노에 의지하는 편이 더 쉬워서다. 공감하거나 수용하기보다 구박하거나 가르치려 드는 것이 더 편할 수는 있지만, 이런 방식으로는 아이가 겪고 있는 어려움을 헤쳐나가는 데 도움을 줄 수 없다. 우리는 성인과 소통할 때도 같은 방식을 취하곤 한다. 이를테면 감기에 걸려서 몸이 안 좋다고 주변에 말하면 바라던 공감보다는 천연 감기약이라는 에키네시아나 비타민 C, 꿀과 레몬을 먹어보라거나 코 세척을 해보라는 조언을 듣게 되는 경우가 많고, 결국 위로보다는 가르침을 받는 듯한 느낌이 들게 된다.

> **✳ 일상의 지혜 ✳**
>
> 대처 방식은 주로 생각과 감정, 행동이라는 세 가지 유형으로 나뉜다. 사랑하는 사람이 힘든 시기를 보내고 있다면 그 사람의 대처 방식을 이해하고 처음부터 문제를 해결하려 하기보다는 공감해주려고 노력하라.

내가 느끼는 감정이 순전히 내 책임이라는 말은 아니다. 물론 다른 사람에게 영향을 받아 마음에 들지 않는 감정을 느끼게 될 수도 있다. 하지만 상대도 나의 감정에 전적으로 책임이 있지 않기는 마찬가지다. 관계에서 생긴 어려움과 갈등에 나 또한 일조했다는 점을 인정하고 상대의 대처 방식이 나와 다를지도 모른다는 점을 받아들이는 것은 문제를 이해하고 해결책으로 나아가는 매우 중요한 첫걸음이다.

논쟁 #2:
문제는 내가 아니라 너야

관계에 문제가 생겼을 때 문제가 있는 것은 상대이고 자기는 구경꾼일 뿐이라는 태도로 접근하는 사람이 많다. 자기가 제 감정에 얼마나 책임이 있는지 생각하기보다 상대가 얼마나 끔찍한지 곱씹는 것을 더 편하게 느끼는 것이다. 상대에게 초점을 맞출 때 우리 자신과 우리의 감정, 욕구에서 멀어지게 된다. 나는 중년 남성이 보내온 아래 사연을 보며 이 점을 떠올렸다. 이 남성은 자신의 결혼 생활에 관해 매우 신중한 말투로 편지를 보내왔다.

아내와 저는 둘 다 쉰한 살이며 결혼한 지는 30년이 됐습니다. 요즘 아내는 갱년기 증상을 겪고 있고, 저는 아내를 최대한 도 와주려 노력하고 있습니다. 아내의 요구에 늘 세심하게 귀 기 울이는 편이라 (생리통, 출산, 산후우울증, 3년 동안 앓았던 거식증과 마찬가지로) 갱년기에 관해서도 찾아볼 수 있는 자료는 다 찾 아봤습니다. 저는 아내를 무척 사랑하며 아내가 매력적이라고 느끼지만, 지금 아내가 원하는 것은 스킨십이 아니라는 것을 알고 있고 이 점을 존중합니다.

결혼 기간에 성생활을 규칙적으로 했던 적은 한 번도 없지 만, 저는 아내를 여전히 원하며 아내가 준비되면 어떤 형태의 스킨십이든 할 수 있게 되기를 바랍니다. 다른 사람은 원하지 않고, 필요하면 자위로 해소할 뿐입니다. 10대 때 느꼈던 죄책 감이 여전히 들기는 하지만요! 때가 되면 부부 관계를 다시 이 어갈 수 있다는 희망이 아직 있을까요? 저희의 육체관계가 끝 날 수 있다는 사실을 정말 받아들이고 싶지 않습니다.

내가 보기에 (섹스를 못 한다는) 문제가 있는 사람은 이 남성이 다. 하지만 남성은 아내에게 문제가 있다고 여긴다. 비록 아내 는 친밀감이 부족한 상태에 대해 괜찮아 보이는데도 말이다. 솔직히 말해 아내를 온갖 문제를 일으키는 사람으로 보는 데 익숙한 듯하며, 자신의 문제는 인정하지 않는 것 같다. 이를테면 어떤 환경에서 자라났길래 쉰한 살의 나이에도 자위를 꺼림칙하게 여기는지 의문이다. 그리고 아내를 고치려는 시도에서는 '당신을 나에게 맞추고 싶다'라고 생각하는 기미도 보이는데, 아내도 이런 기미를 느낄 것이다. 자기를 마치 분석해야 하는 표본(공감해줘야 하는 사람이 아닌 정확히 파악해야 하는 대상)인 양 연구하며 전문가를 자처하는 남편에게 어린애 취급을 받는 기분이 들지도 모른다. 그래서 남편에게 성적 매력을 못 느끼고 있을 수도 있다. 누군가가 자기를 고쳐주기를 바라는 사람은 드물며, 이런 접근법은 두 사람 사이에 거리를 만들 수 있다.

✳ 일상의 지혜 ✳

우리는 타인이 아닌 자신을 책임지고 있으므로, 무언가가 바뀌기를 바란다면 자신을 바꿔야 할 책임이 있다. 다른 사람들은 그 변화에 반응할 수도 있고 하지 않을 수도 있으며, 이것은 우리가 통제할 수 있는 영역이 아니다.

누군가에게 문제에 관한 생각을 설명하려 할 때는 상대가 어떤 사람이라고 생각하는지 말하지 말자. 어떤 말을 해야 할지 알려주고 싶지는 않지만(당신만의 표현으로 말해보라), 상대와 있을 때 어떤 기분이 드는지, 관계가 어떻게 개선됐으면 좋겠는지에 초점을 맞추자. 이를테면 "걔는 사람을 짜증 나게 해", "그 사람은 내 말을 듣지 않아"라는 말 대신 "나는 짜증이 나", "내 말이 받아들여지지 않는 느낌이야"처럼 나의 감정을 알아차리는 말을 하며 나의 반응에 책임을 지고 내가 원하는 대로 행동하지 않는다고 해서 상대에게 문제가 있는 것은 아니라는 점을 깨닫는 쪽으로 습관을 바꿔보자. 이런 습관을 들이면 상대를 탓하는 대신 나의 대응에 책임을 지는 데 도움이 된다.

내 안의 문제가 관계를 제한하고 있을지 모른다고 깨닫기보다 상대에게서 고쳐야 할 점을 발견하기가 훨씬 더 쉬울 수 있다. 하지만 다른 사람들을 만나도 계속 같은 느낌을 받는다면 문제는 상대가 아니라 나에게 있을 수 있다는 점을 알아차려야 한다. 물론 내가 아니라 상대가 문제일 수도 있지만, 다른 사람이 늘 문제고 나는 절대 아니라면 아마도 문제는 나에게 있을 것이다. 이번에는 동성 친구를 오래 사귀지 못하는 여성의 사례를 살펴보자.

어린 시절부터 동성 친구를 사귀면 다들 말도 없이 관계를 끊더라고요.

동성 친구와의 관계가 왜 늘 흐지부지되는지 머리를 쥐어짜봐도 관계를 끊을 만큼 제가 잘못한 일은 없는 것 같아요. 사실 저는 그동안 친구들이 어려운 상황에 놓일 때마다 도움을 줬거든요. 남자인 친구는 많습니다. 이렇게 관계를 끊은 것은 여자뿐이에요.

저는 저 자신에 대한 기대치가 높고 여성들이 자립해야 한다고 생각하지만, 그렇다고 해서 친구들의 삶을 부정적으로 말한 적은 없습니다. 친구들을 격려하려 했고, 그 친구들이 얼마나 똑똑하고 매력적이며 재밌는지 말해줬어요. 친구들이 저를 질투했을 수도 있을까요?

제가 무엇을 다르게 할 수 있을지 모르겠습니다.

이런 일이 계속 일어나고 있으니, 문제는 사연자에게 있을 것이다. 이것은 패턴이다. 무언가가 사연자의 의식 밖에서 일어나는 것이다. 사연자가 의도적으로 잘못하고 있는 것은 아니며, 당신도 비슷한 상황에 놓여 있다면 원인이 무엇일지 자세히 살펴볼 필요가 있을지도 모른다. 많은 사람이 사연자처럼 한 성별과의 관계를 특히 더 어려워한다. 나는 이런 내담자를 만나면 여성과 문제가 있는 경우 어머니와 어떤 관계였는지, 남성과 문제가 있는 경우 아버지와 어떤 관계였는지 자세히 말해달라고 늘 요청한다. 그러면 그 관계가 이후 관계들의 밑그림이 됐는지 알 수 있을 때가 있다.

나는 사연자가 여자는 남 험담이나 하고 불평불만이 많으며 나약하다는 진부한 속설의 피해자일 수 있다고 생각한다. 반대로 우리는 남자가 솔직하고 강인하다는 말을 듣고 자라며, 여자아이와 남자아이 모두 이런 메시지를 내면화한다. 사회는 남성을 더 높이 평가하는 듯하다. 여자아이가 '남자아이들과 잘 어울린다'라는 말을 들으면 칭찬으로 여기고 다른 여자아이들에게 우월감을 느끼는 경우도 그래서다. 사연자가 동성 친구들을 돕는다고 묘사한 방식은 나에게 일반적으로 서로 도움을 주고받는 쌍방향의 교류처럼 느껴지지 않았다. 사연자는 다른 여성들에게 '나처럼 행동하고 나 같은 태도를 보이면 너도 내가 가진 것을 가질 수 있을 거야'라고 말하는 듯한 인상을 주었을지도 모른다. 다른 사람들에게는 이 말이 '너 자신이 되지 말고, 나처럼 돼라'라고 들릴 수도 있다. 어쩌면 남자는 있는 그대로 받아들일 수 있지만, 여자는 바뀌어야 한다고 생각하는 것은 아닐까? 아니면 자기도 모르게 무의식적으로 우월감을 느낄 수 있는 동성 친구들을 찾지는 않았을까? 내면화한 여성 혐오를 다른 사람들이 감지하고 있는 것일지도 모른다.

문제의 원인이 무엇이든 간에 이것은 어릴 적 환경이 낳은 결과일 가능성이 크다. 다행히도 우리는 타인을 바꿀 수는 없지만 반응하고 대응하는 방식을 바꿀 힘이 있으며, 이 힘은 우리가 처한 상황을 바꿀 수 있다. 우리가 통제할 수 있는 것은 타인이 아닌 자신뿐이므로 오래된 관계 패턴에서 벗어나고 싶다면 자기 행동과 태도를 바꾸는 것부터 시작해야 한다. 상대가 얼마나 짜증 나는지에 집중하기가 훨씬 더 쉽지만, 이렇게 해서는 도움이 되지 않는다. 나의 어떤 행동이 관계에 문제를 일으키고 있는지 깨닫는 게 더 중요하다. 이 점을 깨달으면 다른 패턴, 즉 더 유익하고 다정한 관계 패턴을 찾아낼 수 있다.

논쟁 #3:
좋은 사람 대 나쁜 사람

논쟁을 벌이는 중에는 나는 좋은 사람이고 상대는 나쁜 사람이라는 생각이 들기 쉬우며, 자연히 이런 생각에 맞는 증거를 채택하게 된다. 내 직감을 뒷받침하는 증거에만 주목하며 상대를 향한 반감을 키우고, 내 관점을 인정해주는 이들에게는 불평을 늘어놓는다. 이렇게 내가 옳다거나 심지어 나 혼자만 옳다고 느끼면 부정적인 렌즈를 통해 상대를 보게 되므로 상대는 영락없이 나쁜 사람이 되고 만다. '나는 옳고 너는 틀렸다'라는 식의 이런 태도는 이혼을 진행 중인 부모, 의견 충돌을 겪는 동료, 가사 분담을 고민하는 부부, 관계가 틀어진 친구 등 다양한 상황과 관계에서 나타난다.

옳고 싶어 하는 것은 자연스러운 인간 행동이다. 틀리는 것에는 수치심과 비난, 죄책감이 따르며, 이것은 모두 우리가 피하고 싶어 하는 감정이다. 하지만 옳고 싶은 마음과 자신이 좋은 사람이라는 생각은 해결책에 마음을 열기보다 갈등의 악순환에 갇히는 결과로 이어지기 쉽다. 원망은 쌓여가는데, 두 사람 모두 변하지 않고 마냥 갇혀 있는 것이다. 어느 누구도 변하지 않으며, 누구도 떠나지 않는다. 어느 현자가 말했듯이 "옳은 사람이 되려면 혼자 살아야지 결혼해서 살 수는 없다". 나는 이 말이 모든 유형의 관계에 적용된다고 생각한다.

아래는 부적절한 대화 때문에 가족과 말다툼을 벌였다는 청년이 최근에 보내온 편지다.

가족끼리 식사를 하던 중에 큰누나가 농담으로 외국인 혐오 발언을 했습니다. 제가 누나는 인종차별주의자이며 이 자리에 더는 못 있겠다고 하자, 누나는 모욕감을 느끼고 화를 내며 자기는 인종차별주의자가 아니고 자기가 한 농담은 재치 있는 말장난일 뿐이라고 반박했습니다. 당시에는 기분이 상하기는 했어도 이 일로 하루를 망치고 싶지 않아 자리를 지켰는데, 이 날 이후로 누나와 저는 말을 하지 않고 있습니다. 엄마는 저에게 당분간 가족 모임에 나오지 않는 것이 좋겠다는 말씀을 꺼내셨고요.

어렸을 때는 잘 어울려 지냈으니, 누나와 제가 서로 계속 경쟁의식을 느낀다거나 해서 일어난 일 같지는 않습니다. 다만 성인이 된 지금 엄마와 누나 두 사람과 저 사이에는 근본적인 차이가 있습니다. 저는 〈가디언〉*을 읽고 도시에 사는 반면, 두 사람은 〈데일리 메일〉**을 읽고 시골에 산다는 말로 요약

---

* 영국의 대표적인 진보 성향의 정론지
** 영국에서 가장 오래된 보수 성향의 타블로이드지로 흥미 위주의 기사를 제공한다.

할 수 있겠네요. 이런 차이가 있어도 평소에는 사이가 좋은 편이라서 저희 사이의 골을 꼭 메우고 싶은데, 어떻게 해야 할지 모르겠습니다.

한 사회의 일원으로서 우리는 공석에서든 더 중요하게는 사석에서든 이런 순간에 서로 지지해야 한다. 영국 총리였던 마거릿 대처가 뭐라고 말했든 간에 사회는 존재하며***, 편협한 언행을 목격했을 때 지적하는 것은 혐오에 대항하는 일이자 공동체를 도울 수 있는 일이다. 그래서 나는 사연자에게 잘했다는 말씀을 드리고 싶다.

사연자의 누나가 한 말을 여기서 반복해 누군가를 모욕하지는 않겠으나, 그 농담은 인종차별적인 말이 맞다. 하지만 문제의 핵심은 농담이 불쾌했는지 아닌지가 아니다. 진짜 문제는 사연자가 누나의 잘못을 지적했다는 사실이 아닌 그 방식에 있다. 우리는 스스로 옳다고 믿고 수많은 사람이 자신의 견해에 동의하리라는 것을 알면 독선적이고 우월한 태도를 보이기 매우 쉽다. 특히 자라면서 아무리 사이가 좋았어도 전통적으로 더 현명

*** 대처는 개인의 문제를 사회에 전가하지 말고 스스로 책임져야 한다는 취지로 "사회라는 것은 없다There is no such thing as society"라는 말을 남겼다.

하다고 여겼던 누나나 형, 언니나 오빠에게 자기가 더 똑똑하다고 증명하고 싶은 마음이 무의식중에 있을지도 모른다. 사연자는 자신이 얼마나 진보적인 사람인지 증명하려다가 자신과 누나를 좌우 정치의 어설픈 렌즈로 바라보는 함정에 빠졌다. 하지만 사람은 그것보다 더 복잡한 존재다.

지금까지 사연자가 살아온 과정을 보면 자라온 방식과 다르게 생각하는 법을 어느 시기엔가 배웠다는 것을 알 수 있다. 그렇다면 누나가 그 '농담'이 왜 불쾌한지 모르는 이유도 이해할 수 있으리라는 생각이 든다. 사연자의 누나는 분명히 사람들을 조롱하기는 했지만, 그 사람들에게 악의나 앙심이 있었다기보다는 별로 깊이 생각하지 않았을 가능성이 있다. 그가 사는 협소한 세상에서는 고정관념과 조롱, 괴롭힘에 시달리는 소수자의 기분을 헤아려볼 일이 없었을 수도 있다.

우리는 상대의 관점에서 현상을 보려고 노력해야 한다. 상대의 관점을 고려하지 않고 도덕적 우위만을 내세우며 상대에게 낙인을 찍는다면 그것 역시 나를 '좋은 사람'으로 만들고 상대를 '나쁜 사람'으로 만드는 행동이다. 농담에는 낙인을 찍되 사람에게는 낙인을 찍지 말자. 공개적으로 잘못을 지적하며 인종차별주의자라고 낙인을 찍으면 누구라도 굴욕감을 느낄 것이며,

굴욕감을 느끼면 피드백을 듣고 받아들이기보다는 부정하거나 자신을 방어하게 될 가능성이 더 크다. 사연자의 경우 가르칠 기회를 허비한 것이니 안타까운 일이다.

　나는 대신 그 농담을 들으면 어떤 기분이 드는지 말해주라고 조언하고 싶다. 이를테면 "재치 있는 말장난이기는 한데, 우리 가족이 다른 나라 출신이면 슬프거나 화나거나 환영받지 못하는 느낌을 받을지도 몰라서 그 농담을 절대 다시 꺼내지 못할 거야. 작은 상처처럼 별로 해롭지 않아 보일 수 있지만, 작은 상처도 백 번 입으면 큰 상처가 돼"라고 이야기한 다음 "누나가 좋은 사람이라는 걸 알지만 누나가 그 농담을 반복하는 걸 다른 사람이 들으면 인종차별주의자로 오해할 수 있어"라고 말해줄 것이다.

＊ 일상의 지혜 ＊

자신의 의견을 말할 때 겸손한 자세를 취하면 역설적으로 자신감이 더 생길 수 있다. 이는 나의 주장을 너무 강요하는 듯한 인상을 주지 않는다.

　인종차별적 농담도 잘못이고, 생각이 짧았던 누나를 공격하

는 것도 잘못이며, 잘못에 잘못으로 대응한다고 해서 상황이 나아지지 않는다. 갈등의 악순환에 갇혀 있다고 느낄 때 우리가 가장 먼저 해야 할 일은 한 사람은 좋고 다른 사람은 나쁘다는 이분법적 사고를 내려놓는 것이다.

젊은 여성이 결혼을 앞두고 보내온 다음 사연을 보며 더 자세히 이야기해보자. 다가오는 결혼식과 결혼 생활에 관한 기대로 부풀어 있던 사연자의 마음은 예비 시댁과 관계가 껄끄러워지면서 엉망이 되고 말았다. 이런 사연은 드물지 않으며, 실제로도 시댁이나 처가와 갈등을 풀기 위해 노력하는 사람들의 편지를 자주 받는 편이다.

제 예비 시어머니는 정말 지독한 분입니다. 결혼식에 관해 제가 내린 결정을 전부 뒤엎으셨어요. 장소도 순전히 어머니 비위를 맞추려고 우중충한 곳을 골랐고요. 하객들에게 대접할 저녁 간식을 위해 푸드 트럭을 빌리고 싶었지만, 당신은 외국 음식이라면 '질색'이라고 하시더군요. 그래서 어머니가 내놓으신 대안이 무엇인지 아세요? 동네 기숙학교의 조리사가 만든 음식이랍니다.(형편없는 음식이에요. 마른 햄샌드위치를 생각하시면 됩니다.)

저희는 코로나 때문에 원래 계획대로 식을 올릴 수 없었어요. 저는 예비 시댁을 견디지 않아도 돼서 다행이라고 생각했지요. 애인은 이제 결혼하고 싶어 하는데, 저는 부모님들이 참석하시는 결혼식은 하고 싶지 않습니다. 애인과 몰래 도망가서 저희끼리 식을 올리고 싶어요. 저는 애인을 무척 사랑하고 그와 결혼하고 싶습니다. 하지만 애인은 부모님 없이는 결혼하지 않겠다고 하네요. 예비 시어머니와 시누이는 제가 그를 빼앗아갔다고 비난했습니다. 이것 때문에 감정이 상해서 두 분을 절대 용서하지 못할 것 같아요. 저는 애인을 가족 행사에 못 가게 막거나 한 적이 전혀 없거든요. 애인은 제가 그들을 바꿀 수 없으니 받아들이고 잘 해줘야 한다고 합니다. 미안하지만 싫어요. 신부인 제 생각은 아무도 신경 쓰지 않는 것 같아요. 어떻게 해야 할지 정말 갑갑합니다.

세상이 안전하지 않다고 느낄 때 우리는 적이 필요해진다. 통제감을 다시 느끼려고 탓할 사람을 찾는 것이다. 불안감이 강해지면 내가 옳다고 느끼기 위해 틀렸다고 생각할 수 있는 사람이 있어야 한다. 상대를 판단하지 않고 수용하고 이해하려 노력하면 어쩐지 손해 보거나 굴복하는 느낌이 들 수 있다. 하지만 절대 그렇지 않다.

　내가 상대의 행동을 어떻게 해석하고 있는지 알게 되면 이 일은 더 쉬워진다. 한창 다투는 도중에 마치 새가 하늘에서 아래를 내려다보듯 상황을 멀찍이서 바라보자. 말다툼을 벌이고 있는 자신을 내려다보되 누구의 편도 들지 않아야 한다. 무엇이 눈에 띄는가? 누가 옳거나 그른지 생각하지 말고 펼쳐지는 상황을 그저 지켜보자. 이렇게 어느 정도 거리감이 생기면 내가 이 상황에서 어떤 역할을 하는지 알 수 있다. 어떤 모습이 보이는가? 나와 상대가 두려워하는 것은 무엇인가? 어떤 점이 다르고 어떤 점이 비슷한가? 그리고 각자 어떻게 두려움에 대처하고 있는가? 나는 사람은 누구나 감정이 있으며 자신이 아는 유일한 방식으로 감정에 대처한다고 생각한다. 타인과 자신의 감정에 호기심을 가져보자.

　'왜 내가 상대의 감정을 고려해야 할까? 왜 다른 사람들은 내 감정을 신경 쓰지 않을까?'라는 생각이 들지도 모른다. 늘 내가 먼저 바꾸어야 하는 이유는 내가 통제할 수 있는 사람은 나뿐이기 때문이다. 장담할 수는 없지만, 나의 행동이 바뀌면 상대의 행동이 따라 바뀔 가능성이 있다. 하지만 상대의 말을 모두 공격으로 해석하면 반격하고 싶은 마음이 생기므로 도움이 되지 않는다. 사연으로 돌아가자면, 나는 이 젊은 신부에게 '애인을 가족 행사에 못 가게 막은 적이 없다'라고 생각하는 대신 '시댁 식구들로서는 이렇게 훌륭하고 소중한 사람을 많이 못 보게 된다고 생각하니 두려울 수밖에 없어. 그를 공유하려고 노력해야겠어'라고 생각해보기를 권하고 싶다.

상대의 행동을 부정적 관점이 아닌 긍정적 관점에서 바라보면 다른 의미를 찾아낼 수 있다. 예를 들어 비슷한 문제로 사연을 보내온 다른 여성의 경우 예비 시어머니가 결혼식에 도움을 주지 않은 것을 이기적인 행동으로 받아들였다. 하지만 물러서는 것은 이기적이라기보다는 간섭하고 싶지 않다는 뜻으로 해석될 수도 있다. 그러니 상대가 하는 말 이면의 감정을 살펴보고 그 감정에 공감하려고 노력하자.

✳ **일상의 지혜** ✳

우리는 같은 행동을 '내'가 했을 때를 기준으로 상대의 행동을 해석하는 함정에 종종 빠지곤 한다. 다른 사람의 행동은 내가 했을 때와 다른 의미를 지닌다.

이를 위한 실질적인 방법은 내가 상대가 된다면 어떨지, 즉

상대와 같은 환경에서 자라나고 살아왔다면 어떨지 시간을 내어 상상해보고 지난 경험들이 지금의 상대를 만들었다는 점을 이해하고 존중하는 것이다. 나와 다투고 있는 사람이 앉을 법한 자세로 의자에 앉아 내가 그 사람의 몸에 들어가 있다고 상상해보자. 그 사람처럼 앉으니 어떤 기분이 드는가? 이번에는 그 사람과 함께 앉아 있다고 상상해본다. "나는 [상대의 이름]이고 [당신의 이름]과 함께 앉아 있어. 내 몸이 어떻게 느껴지지?"라고 말해보면 역할에 몰입하는 데 도움이 될 수 있다. 상대가 된다는 것이 어떤 느낌인지, 상대는 어떤 기분을 느낄지 상상하고 공감해보자.

두 사람의 입장이 극단적으로 다를 때는 서로 어느 정도 양보하며 타협점을 찾아야 한다. 늘 쉬운 일은 아니다. 다른 사람을 수용하는 일이 늘 쉬울 수는 없다. 하지만 이것은 앞으로 나아갈 수 있는 유일한 길이다.

논쟁 #4:
사실 대 감정

갈등은 사실보다는 각자가 느끼는 감정에서 비롯되는 일이 훨씬 많다. 우리가 논쟁하는 방식의 중심에는 감정이 있으므로, 우리 대부분은 자신과 타인을 바라보는 관점을 크게 바꿔야 한다. 생각은 우리가 믿고 싶어 하는 것보다 훨씬 더 비논리적이며, 다툼을 논리로 해결할 수 있는 경우는 드물다. 반면에 감정을 서로 이해하면 해결책에 이르기가 한결 쉽다. 물론 사실이 감정에 우선할 때도 있지만, 감정을 인정받지 못하면 사실을 존중할 가능성은 줄어든다. 즉 논리로 '이기려고' 하는 대신 나와 상대의 감정에 귀 기울이며 서로 이해하려 하는 것이 갈등에서 벗어날 수 있는 길이다.

감정보다 논리에 집중하면 내가 팩트 테니스^{fact tennis}라고 부르는 논쟁 방식에 빠질 수 있다. 팩트 테니스란 논쟁하는 두 사람이 마치 네트 너머로 공을 쳐 보내듯 이유와 사실을 서로 던지며 상대를 공격할 거리를 점점 더 많이 찾아내는 것을 말한다. 이때는 실행할 수 있는 해결책을 찾기보다 점수를 내는 것이 목표가 된다.

아래 예시는 한 사람이 집을 나설 준비를 하는 데 더 오래 걸리고 있는 상황에서 흔히 벌어질 수 있는 말다툼이다. 말다툼이 팩트 테니스가 되면 이런 일이 일어난다.

서버: 당신은 준비하는 데 한참 걸리니까 지금부터 준비하지 않으면 부모님 댁으로 출발하는 시간이 늦어질 거야. *15:0*

리시버: 그렇지 않아. 준비는 30분이면 되고 어머님, 아버님 댁까지는 차로 20분이면 가니까 시간이 있어. *15:15*

서버: 지난주에 내 친구들이랑 레스토랑에 갔을 때는 준비하는 데 45분이 걸렸잖아. *30:15*

리시버: 지난주에는 머리를 감느라 그랬고 이번에는 안 감아도 돼. *30:30*

서버: 그렇게 너무 빠듯하게 준비하다가 길이 막히면 늦을지도 몰라. 지난번에 부모님 댁에 갔을 때는 늦었잖아. *40:30*

리시버: 교통 정보를 확인해봤는데 오늘은 차가 안 막힌대. *40:40*

　　대화는 이런 식으로 계속된다. 결국에는 더 이상 댈 이유가 없는 쪽이 '졌다고' 여길 것이다. 표면적으로는 말다툼이 해결됐지만, 당사자들은 계속 짜증이 나고 억울한 마음이 들지도 모른다. '이긴 사람'이 기분이 좋다고 해도 이것은 상대의 기분을 망치고 얻은 대가일 것이다.

　　논리를 제쳐두고 대신 감정에 집중한다면 같은 대화는 이렇게 흘러갈 가능성이 크다.

　　남편: 부모님 댁으로 출발할 시간이 너무 촉박하면 불안해져. 아버지는 사람들이 늦으면 짜증을 내며 기분 나빠하시잖아.

　　아내: 아, 미안해, 여보. 당신이 불안해하는 건 싫어. 부모님 뵈러 가는 데 늦는 것이 예의가 아니라는 것도 알겠어. 나는 이따가 어머님, 아버님께 온전히 집중할 수 있게 이 일을 마무리하고 싶어서 그래.

　　남편: 그래, 당신이 해야 할 일이 많긴 해. 그러면 내가 더 빨리 준비할 수 있게 도와주면 어떨까? 일을 마치고 바로 입을 수 있게 원피스를 다려놓으면 어때?

서로의 의견을 귀담아듣고 차이를 좁혀나가는 것은 이해와 타협을 위해서지 이기기 위해서가 아니다. 상대를 판단하며 헐뜯는 대신 호기심을 가지고 열린 마음으로 대한다면 우리의 삶은 더 나아질 것이다. 최선의 결과를 얻으려면 판단과 승리가 아닌 이해와 공감을 목표로 삼아라. 나는 옳고 상대는 틀렸다는 승패의 문제가 아니라 상대의 관점을 이해하고 나의 관점을 전달할 기회로 의견 차이를 바라볼 수 있으면 더욱 좋다. 잘잘못은 제쳐두고, 상대를 탓하거나 사과를 받으려 하는 대신 이해하려고 노력하라. 옳다는 것은 생각보다 그리 가치 있지 않다.

✳ 일상의 지혜 ✳

사실과 논리로 논쟁에서 '이기려고' 하는 것은 도움이 되지 않으며, 모두를 잘잘못을 따지는 해로운 싸움으로 몰아넣는다. 상대를 판단하고 이기려 하기보다 이해와 공감을 쌓으려고 노력하라.

논쟁 #5:

카프만의 드라마 삼각형

많은 상담사가 관계에서 일어나는 일을 이해하기 위해 카프만의 드라마 삼각형Karpman Drama Triangle이라는 도구를 사용한다. 이 도구의 목적은 당사자들이 어떤 일로 다투고 있는지는 제쳐두고 서로 어떤 패턴으로 관계를 맺고 있는지 살펴보는 것이다. 아래쪽 꼭짓점에는 피해자Victim, 위쪽 두 꼭짓점에는 박해자Persecutor와 구원자Rescuer라는 단어가 적힌 삼각형 하나를 상상해보자.

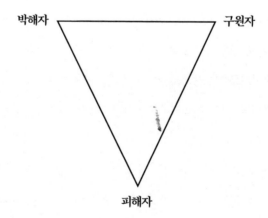

카프만의 드라마 삼각형의 핵심은 갈등의 근원을 파악하고, 논쟁은 대개 이야기하고 있는 실제 문제가 아닌 내가 상대에게 어떻게 대우받는다고 느끼는지에 관한 문제라는 점을 깨닫는 것이다. 지극히 사소하고 대수롭지 않아 보이는 일로 시작된 말다툼이 결국 격한 상황으로 번지고 마는 것도 이런 이유 때문이다.

다음 사연을 보며 이 삼각형이 실제로 어떻게 작용하는지 알아보자. 사연자의 아내는 우울증을 앓고 있지만, 도움을 받거나 약을 먹기를 거부하고 있다. 사연자는 좌절감을 느끼며 절박한 심정으로 이런 글을 보내왔다.

제 아내는 수십 년 동안 우울증을 앓고 있지만, 병원에 간 것은 딱 한 번뿐이고 몇 달이 지난 뒤로는 약을 끊어버리고 다시 복용하기를 거부하고 있습니다. 아내는 아무에게도 자기 이야기를 하려 하지 않고 전문가나 가족, 심지어 저에게도 도움을 받으려 하지 않아요.

지난 2년 동안 코로나는 아내의 정신 건강에 심각한 영향을 미쳤고, 여기에 아내의 행동이 더해지면서 지금은 저도 엄청나게 큰 영향을 받고 있습니다. 저는 예전에 주변에서 아주 긍정적이고 행복한 사람이라는 말을 많이 들었습니다. 지금의 저는 분명 그런 사람이 아닙니다.

저는 완벽하지는 않아도 상황을 바로잡으려고 열심히 노력하는데, 제가 뭘 해도 아내는 성에 차지 않아 합니다. 제가 멍청하다는 듯 제 말은 듣지 않고 자기 할 말만 해요. 그러다 보니 워낙에 공격적인 성격이 못 되는데도 때로는 저 자신을 방어해야 할 때가 있습니다. 모든 일이 제 탓이라는 죄책감을 끊임없이 느끼게 됩니다.

아내는 친한 친구도 취미도 없어서 제가 혼자 무언가를 하면 저를 원망하는 것 같은데, 그렇다고 함께 하지는 않아요.

현재 두 사람은 모두 구원자에서 박해자로, 박해자에서 피해자로, 피해자에서 다시 구원자로 옮겨가며 삼각형을 빙빙 맴돌고 있다. 사연자는 우울증에 걸린 아내에게 도움을 받으라고 설득하려 하며 구원자 역할을 맡고 있다. 아내는 이것을 박해로 받아들이고 방어적인 태도를 보이며 남편을 못살게 굴고, 그러면 남편은 피해자가 된 느낌을 받는다. 이것은 연인이나 부부, 가족, 친구 등 많은 사람이 의견 대립을 겪을 때 흔히 빠지는 악순환이다.

> **✷ 일상의 지혜 ✷**
>
> 다른 사람과 대화할 때 쓰는 언어에 유의하라. 가장 좋은 대화법은 나의 경험을 설명하는 '나' 화법으로 말하는 것이다. 상대를 판단하는 '당신' 화법이 아니다.

그렇다면 도움이 안 되는 이 세 가지 역할에서 빠져나오려면 어떻게 해야 할까? 첫째로, 내가 상대를 대하는 방식을 바꾸고 상황을 지켜보거나, 아니면 상대를 떠날 수 있다. 전자를 선택한다면 우선 박해자가 되지 않는 법을 배워야 한다. 이를테면 "당신은 늘 그러잖아", "당신은 그런 사람이잖아", "당신은 그렇게 해야 해" 같은 특정 표현을 쓰지 않기로 할 수 있다. 즉 '당신' 화법 대신 나의 경험을 설명하는 '나' 화법을 써서 말하는 것이다. '해야 한다' 같은 말은 피하라. 상대의 행동에 어떤 기분이 드는지, 대신 어떤 행동을 해주면 좋겠는지 말하라. 이런 습관은 상대를 탓하는 대신 나의 대응에 책임을 지는 데 도움을 줄 것이며, 덜 공격적인 대화로 이어질 것이다.

우리가 말하는 방식은 우리가 말하는 내용만큼이나 중요하다. 판단은 모두 나중으로 미뤄두고 사람들, 그리고 자신에게 호기심을 가져라. 비난할 필요도 칭찬할 필요도 없이 그저 관심을 가져보는 것이다. 상대를 규정하지 말고 청하지 않은 조언을 하지 마라. 이런 유형의 발언은 이면에 아무리 선의의 감정이 있어도 타박으로 받아들여질 가능성이 있다. 상대를 판단하지 않으면서 내가 무엇이 신경 쓰이는지 말할 수 있다면 상대는 내 말을 공격으로 받아들이지 않고 경청할 수 있을 것이며, 상황을 악화시키지 않고 해결책을 향해 함께 노력할 수 있을 것이다.

둘째로, 구원자는 다른 사람의 상황을 바로잡으려고 너무 열심히 노력할 때 맡게 되는 역할이다. 상대가 스스로 할 수 있는 일을 대신 해줄 때 우리는 구원 모드로 들어간다. 이것은 상대에게 자기를 어린애 취급하고, 자율성을 제한하며, 당기기보다는 밀어내는 행동으로 인식될 수 있다. 이런 행동은 특히 남성에게서 많이 발견된다. 우리 문화에서는 남성과 소년을 빛나는 갑옷을 입은 기사로 치켜세우고 여성과 소녀를 곤경에 빠진 여자로 낮추어 폄하하기 때문에, 문제를 해결하는 것은 당연히 남성의 역할이라고 받아들이기가 매우 쉽다. 하지만 그렇지 않다. 완벽해지려고 하지 마라. 당신 모습만으로도 충분하다.

셋째로, 피해자 역할을 맡는 것은 자신의 힘을 스스로 내어주는 것이다. 자신이 순교자인 척하고 있다는 사실을 알아차렸다면 멈추라. 다른 사람이 자기를 끌어내리도록 내버려두면 결국 그 사람을 원망하게 될 것이다. 그렇게 하지 않으면 원망할 일도 없다. 원망에 관해 이런 말이 있다는 것을 아는가? "원망은 독약을 마시며 적이 죽기를 바라는 것과 같다." 진짜 피해자는 무력하며 자신이 빠진 곤경에 책임을 질 수 없다. 피해자인 척하는 것과는 다르다. 피해자인 척하는 사람은 책임을 지지 않는 편을 선택한다.

누군가가 당신을 무시하더라도 상대의 핍박에 피해자를 자처할 필요는 없다. 나는 모욕을 당하면 공격적으로 반응하는 대신 다음과 같이 상황을 해소하는 방법을 쓴다. 예를 들어 "당신은 멍청해"라는 모욕적인 말을 들었다면 "아, 제가 멍청하다고 생각하시는군요. 알려주셔서 고맙습니다"라고 대꾸한다. 즉 상대의 말을 긍정하지도 부정하지도 않고 내가 들었다는 사실을 알려주는 것이다. 상대를 무시하지 않고 들은 말을 그대로 따라 하면 상황은 진정될 것이다. 들은 말을 반복하면 어쩐지 상대에게 그 말을 돌려주는 기분도 든다. 상대가 하는 말은 그 사람을 보여주지 꼭 나를 보여주는 것은 아니라고 생각하기 때문이다.

불편하더라도 상대의 감정을 인정해주는 것은 의견 차이를 해결하기 위한 중요한 단계다. 상대와 대립하기보다는 같은 방향으로 가며 상대의 행동과 태도를 말로 표현하자. 내가 들어준다고 느끼면 상대는 더 크게 소리칠 필요가 없어진다. 사연으로 돌아가자면, 아내가 "의사는 도움이 안 돼" 같은 말을 할 때 남편은 굳이 말다툼을 벌일 필요가 없다. 아내의 말을 즉시 반박하면 두 사람 모두 흥분할 가능성이 크며 문제가 해결될 가능성은 거의 없다. 남편은 대신 "아, 의사가 도움이 안 된다고 느끼는구나"라고 대답할 수 있다. 이렇게 같은 방향으로 가게 되면 두 사람은 서로 이해받고 있다는 느낌을 받으며 해결책을 함께 모색하기 시작할 수 있다. 아내가 의사는 도움이 안 된다고 생각한다는 것에 두 사람 모두 동의한 다음에는 "당신이 의사를 한 번만 더 만나보면 내 마음이 훨씬 덜 불안할 것 같아"라고 말해볼 수 있다. 이 경우 남편이 아내를 탓하는 대신 자기 자신을 설명하고 자신의 대응에 책임을 지고 있는 것이므로, 아내는 이 말을 더 공격적인 "당신은 그렇게 해야 해" 같은 말과 다르게 받아들일 것이다. 관계에서 한 사람이 마음을 열고 속내를 내보이면 상대도 같은 태도를 보이기 마련이다.

논쟁 #6:
갈등 회피형

타협은 다른 사람의 의견에 전적으로 동의하는 것이 아니다. 그러면 상대를 원망하게 되고 관계에 단절이 생겨난다. 갈등을 무조건 회피하며 언급하지도 이야기하지도 않으면 말하기 꺼리는 주제들이 생기면서 화제가 점점 줄어들고 상대에게 이해받지 못한다는 외로움이 싹트기 때문에 관계가 약해질 수 있다. 서로의 차이를 터놓고 이야기하지 않으면 관계는 그냥 사라지고 만다. 모든 갈등을 그냥 넘어가면 안 된다는 말은 아니지만 (원망이나 앙금은 그냥 털어버리는 편이 상책이다), 부부를 예로 들어보자. 아내가 남편의 말과 행동을 모두 참아내고 감정을 억누른다면 집안은 평화로울 수 있을지 몰라도 결국 아내는 제 마음을 알아주는 사람이 없다는 생각에 고립감을 느끼게 될 것이다. 말다툼을 두려워하면 친밀감이 떨어질 수 있으며 관계가 좋아지기는커녕 억울한 마음만 남을지도 모른다. 1장에서 살펴봤듯 경계를 설정하는 것도 중요하나, 자신의 감정을 행동으로 옮기지는 않더라도 온전히 느끼는 것 또한 건강한 관계를 위해 꼭 필요한 요소다.

이번에 살펴볼 사례는 아내가 외도하고 있었다는 사실을 알게 된 남성이 보내온 사연이다.

제 6년간의 결혼 생활은 지금은 전처가 된 아내가 바람을 피우면서 끝이 났습니다. 저는 부부 상담을 받던 중 큰아이가 초등학교에 입학한 뒤로 아내에게 관심을 보이는 아이 아빠들이 있었다는 것을 알게 됐습니다. 아내는 마음이 들떴지만, 일부일처제 때문에 관심에 화답할 수 없다는 것을 새삼 깨닫고 저와 저희 결혼 생활을 원망하기 시작했다고 합니다. 다른 사람을 만나고 싶었다기보다 새로운 관계가 주는 짜릿한 쾌감을 느끼고 싶었다고 하더군요. 아내는 한 아이 아빠에게 빠져들었고 그 사람과 외도를 시작했습니다. 저희는 부부 상담과 개인 상담을 모두 받았지만, 아내는 곧 '판단받는' 느낌을 받고 상담에 더 이상 나오지 않았습니다. 제가 결혼 생활이 파탄에 이른 것에 괴로워하자, 아내는 공감한다면서도 제가 '감정적 협박'을 하고 있을 뿐이라고 말했습니다.

저희는 아이들을 위해 예의를 지키고 있습니다. 전처에게 앙심을 품는 사람이 되고 싶지는 않아요. 억눌린 분노가 많기는 합니다. 전처의 행동과 태도는 저뿐만 아니라 전처가 지금 만나는 남자의 전처와 저희 장인 장모님과 아이들, 친구들에게도 너무나 큰 상처를 주었으니까요. 하지만 저는 화를 억누르고만 있고 화를 내는 것에 죄책감마저 느낍니다. 상담사는 이 점에 문제를 제기하며 "계속 이해한다고만 말씀하시는데, 왜 화를 내지 않으시죠?"라는 말까지 했습니다. 전처는 자기 자신과 감정에 솔직해야 한다며, 자기는 최선을 다했고 자기도 인간일 뿐이라고 말합니다.

제가 느끼는 분노는 결국 일이 제 뜻대로 되지 않는다고 성질부리는 것이 아닌가 합니다. 그렇게 생각하면 끔찍해서 화를 억누르게 됩니다. 화를 내기는커녕 화가 나는 것마저 죄책감이 드는데, 이 풀리지 않는 분노를 어떻게 하면 좋을까요?

사연자를 비롯한 많은 사람에게 분노란 곧 '나쁜' 것이다. 사람들은 보통 화를 내는 것과 '성질부리는 것'을 관련지어 생각한다. 화를 내면 유치하다거나, 충동 조절 능력이 부족하다거나, 특권 의식이 지나치다고 보는 것이다. 대부분 사람은 상대가 고함을 치면 두려움을 느낀다. 무슨 말인지는 귀에 들어오지 않고 소리가 크고 무섭다는 것만 알아차린다. 마치 말뿐만 아니라 신체적으로도 공격당한 것처럼 충격이 느껴지고 아드레날린이

솟구친다. 상대가 나에게 소리를 지르는데 안전하다고 느낄 사람은 아무도 없으므로, 이런 상황에서는 마음을 열고 이야기하는 것이 불가능하다. 공격당했다고 느낄 때 반격하는 것은 매우 자연스러운 일이다.

사람들은 이처럼 분노를 나쁘게 평가한다. 하지만 나쁜 것은 감정이 아니다. 해롭거나 두려울 수 있는 것은 때때로 그 감정이 동반하는 행동이다. 어른들은 아이들이 화를 내거나 슬퍼하거나 부정적 감정을 느끼는 것이 잘못이라고 생각하게 하는 경우가 꽤 많다. 하지만 어른들이 정말로 문제 삼는 것은 소리를 지르거나 때리거나 삐지는 것처럼 아이들이 화가 났을 때 보이는 행동이다. 아기나 어린아이를 가까이서 지켜본 적이 있는 사람이라면 누구나 알 수 있겠지만, 아이들은 감정을 말로 표현하는 데는 서툴러도 행동으로 표출하는 데는 매우 능숙하다. 아이들은 대개 깨물고, 악쓰고, 바닥에 드러누워 주먹을 휘두르며 마음에 들지 않는 상황을 빠져나가려 한다. 유아차에서 장난감을 집어 던지는 아기는 사실 제 감정을 표현하려고 최선을 다하고 있는 것이다.

때로는 아이의 감정이 불편하게 느껴질 수도 있지만, 아이의 감정을 부정하거나 그런 감정을 느끼는 것은 어리석다고 말하고 싶은 유혹에 빠져서는 안 된다. 우리는 아이가 행복하기를 바라기 때문에, 아이는 자기가 행복하지 않으면 우리를 실망시킨다고 생각할 수 있다. 우리가 진지하게 받아들이지 않을 것이라 믿게 되어 부정적 감정에 관한 말을 꺼내기가 더 어려워질 수 있다. 우리가 평정심을 서둘러 되찾으려 하면 아이는 불편한 감정이나 이상한 생각을 품는 것은 적절하지 않으며 이런 감정이나 생각을 해소할 수 있는 공간이 없다고 느낄지도 모른다. 아이의 감정을 인정하지 않으며 부정적 감정을 무시하도록 가르치는 것은 아이를 위험에 빠뜨리는 일이다. 아이의 감정을 자제시키거나 위로해서는 안 된다거나 아이의 감정에 맞춰 행동해야 한다는 말이 아니라, 아이가 느끼는 감정을 알아주고 진지하게 받아들여야 한다는 말이다. 감정을 인정하는 것은 타인의 주관적 경험에 공감할 수 있게 가르치는 것이기도 하므로, 아이는 사람마다 느끼는 감정이 서로 다를 수 있다는 점을 받아들이는 법을 배우게 된다.

이런 경험을 하지 못한 아이는 제 감정을 표현하는 방법을 모르는 채로 성장할 수 있다. 사연자가 그랬을 것처럼 그런 감정을 느끼는 것은 부적절하고 유치하다고 배웠기 때문이다. 사연자가 성장 과정에서 분노를 표현하는 적절한 방법을 찾도록

도움을 받았다면 지금처럼 제 감정을 어떻게 해야 할지 모르는
상황에 놓이지는 않았을 것이다.

분노를 다스리는 방법을 배우지 못했다면 지금부터 시작해
도 늦지 않다. 나를 화나게 한 사람이나 대상을 향해 소리를 지
르거나 비난을 퍼부으며 분노를 행동으로 표출하는 대신 말로
표현하는 것을 목표로 삼자. 감정을 말로 표현하는 것을 심리치
료에서는 '감정 처리processing feelings'라고 한다. 내가 느끼는 감
정을 차분히 말할 수 있으면 감정이 나를 통제하는 것이 아니라
내가 감정을 통제한다. 이런 습관을 들이지 않으면 감정을 계속
행동으로 표출하거나, 억눌린 감정이 마음을 계속 짓누를지도
모른다.

울컥 치밀어 오르는 분노는 대개 현재가 아닌 과거에 뿌리를
두고 있다. 이 점을 인식하는 것은 갈등 상황에서 자신의 감정
을 존중하는 하나의 방법이다. 예를 들어 누군가가 나에게 틀렸
다고 말할 때 화가 난다면 그 분노는 그 한 번의 경우에 대한 반
응이 아니라 과거에 누군가가 나를 가르치려 들었거나 심리적
으로 지배했던 모든 시간에서 축적된 반응일 수도 있다. 사연자
는 비유적으로 말하자면 상자에 분노를 넣고 뚜껑을 단단히 닫
은 뒤 그 위에 앉아 있는 상태다. 뚜껑을 열면 분노가 폭발할까

봐 두려운 것인지도 모른다. 하지만 기분이 좋지는 않고(듣자 하니 분노가 그의 내면을 갉아먹고 있는 것 같다), 이런 상태가 지속될 수도 없다. 분노를 조금씩 분출하는 것이 자신을 돕는 방법일 것이다.

분노 조절이란 분노를 통제할 뿐만 아니라 표현할 수 있는 능력을 의미한다. 감정을 느끼면 언젠가는 고통을 느끼기 마련이기 때문에 감정을 아예 마비시키는 법을 배우는 사람이 많다. 문제는 기쁨에 무감각해지지 않고 상처와 고통에만 무감각해질 수는 없다는 것이다. 하나의 감정을 억누르면 모든 감정을 억누르게 된다. 일이 내 뜻대로 되지 않을 때는 화를 내도 괜찮다. 당신에게는 분노를 느낄 권리가 있다. 남에게 화를 내서 상처를 줄 권리는 없지만, 그렇다고 해서 화가 나에게 상처를 입히도록 마음에 담아두어야 하는 것도 아니다. 화를 낼 권리가 없다고 생각하며 분노에 죄책감을 더할 필요는 없다. 그러면 마음의 부담만 커질 뿐이다.

어떤 상황이나 사람에게 화가 났는데 차분하게 말할 수 있는 기분이 아니라면 쿠션을 준비해서 마구 치거나 얼굴을 파묻고 시원하게 소리를 질러보자. 크게 욕을 해도 좋다! 어쩌면 공감하고 격려해주는 사람이 지켜보는 안전한 공간에서 고래고래

소리를 질러야 할지도 모른다. 나는 예전에 들판에 가서 애꿎은 나무를 향해 소리를 빽 지른 적이 있는데, 나무는 개의치 않았고 나에게는 정말 도움이 됐다. 왜 그렇게 화가 났는지 편지를 써볼 수도 있다. 내가 부당하다고 생각하는 것을 모두 나열하고 그것이 왜 부당한지, 왜 나의 잘못이 아닌지, 내가 얼마나 화가 났는지 적어보되 편지를 부치지는 말자. 편지를 태우며 불똥이 날리는 모습을 지켜보자. 화가 다 풀리려면 한 달 동안 매일 편지를 써야 할지도 모르지만, 감정을 말로 정리하는 것은 좋은 방법이다. 아니면 복싱 체육관에 가서 샌드백을 마음껏 쳐봐도 좋다. 안전한 공간에서 성질을 내고 또 내보자. 그래도 괜찮다. 당신은 분노를 통제할 수 있으니 걱정하지 말고 조금씩 분출해보자.

이렇게 자신의 감정을 온전히 느낄 시간이 있어야 내가 화났다는 사실과 그 이유를 상대에게 차분히 설명할 수 있으며 마음을 열고 다른 관점에서 현상을 바라볼 수 있다. 사연자의 전처가 제 감정에 솔직할 권리가 있다고 믿었던 것처럼 사연자에게는 자기가 얼마나 화났는지 표현할 권리가 있다. 사연자가 분노는 유치하지 않으며 무섭지 않으면서도 단호한 방식으로 분노를 표현할 수 있다는 사실을 깨달았기를 바란다.

논쟁 #7:

충동이 지배할 때

우리는 감정을 매우 능숙하게 처리하고 조절할 줄 알지만 때로는 충동이 지배해 후회할 행동을 하거나 의도치 않은 말을 할 수 있다. 지금까지 사연을 보내온 사람 중 가장 어린 이 아홉 살짜리 남자아이는 엄마와 함께 편지를 썼다. 나는 어머니가 아이의 동의 없이 몰래 사연을 보내는 대신 두 사람 모두 편지를 썼다는 점이 정말 좋았다. 그만큼 서로 정직하고 솔직하게 대하고 있다는 뜻이니 말이다.

얼마 전 아이가 학교에서 친구 몸에 상처를 입혔습니다. 선생님께 꾸중을 듣고 동작을 멈췄다고 해요. 친구는 이제 그 일을 잊어버렸고 아이를 용서하고 생일 파티에 초대하기까지 했지만, 아이는 자기가 한 행동이 자꾸 떠오르는지 양심의 가책을 느끼고 무척 불안해합니다. 아이의 행동은 평소와 너무도 달랐고, 아이도 자기가 왜 그랬는지 설명하지 못하더라고요. 아래는 저희 아이가 쓴 편지입니다.

저는 아홉 살 남자아이예요. 저는 몇 달 전에 친구 목을 꽉 쥐어서 그 애를 다치게 했어요. 왜 그랬는지 모르겠어요. 너무 피곤해서 그랬는지도 몰라요. 지금은 제 행동이 너무 후회되고 그 뒤로 거의 매일 죄책감을 느끼고 있어요. 사과하고도 계속 사과하게 돼요. 그 애는 저를 금방 용서해줬지만, 저는 저를 용서하지 못할 것 같아요. 저는 종교가 없어서 신에게 용서해달라고 기도할 수도 없어요. 그 일이 있고 나서 저는 너무 괴로워서 말을 많이 안 하지만, 속으로는 이런 감정을 꼭꼭 숨기고 있어요. 가끔 그때를 생각하면 속이 안 좋기도 해요. 이런 기억을 털어버리려면 어떻게 해야 하는지 알려주시기를 바라며 편지를 써요.

물론 용서의 힘을 지닌 전능한 신이 있다면 일이 간단해지겠지만, 종교가 없는 사람도 많으니 다른 방법이 필요하다. 내가 이 아이에게도 말했고 비슷한 문제로 찾아오는 다른 많은 이들에게도 말하지만, 늘 좋은 사람은 없다. 수치심과 죄책감은 불편하기는 해도 다시는 그러지 말아야겠다는 생각을 일깨워주는 꽤 유용한 감정이다. 때때로 우리는 무언가를 시도했다가 완전히 실패하는 과정을 거치며 그것이 좋은 방법이 아니라는 점을 배우기도 한다.

인간의 뇌는 하나뿐이지만, 동물적인 뇌$^{animal\ brain}$와 이성적인 뇌$^{reasoning\ brain}$라는 두 개의 뇌를 가지고 있다고 볼 수 있다. 양옆을 살피지 않고 차도에 발을 내디뎠다가 버스에 치일 뻔한 긴급 상황에서 우리를 보도 위로 급히 뛰어오르게 하는 것은 동물적인 뇌다. 동물적인 뇌가 필요한 것은 이처럼 생각하기 전에 행동해야 할 때가 있기 때문이다. 어린아이 때까지는 동물적인 뇌를 주로 쓰다가 자라면서 동물적인 뇌를 써야 할 때와 이성적인 뇌를 써야 할 때를 배운다. 하지만 때로는 동물적인 뇌에 압도당해 생존을 위해 긴급하게 행동해야 할 때와 좀 더 신중하게 대응해야 할 때를 혼동하기도 한다. 그러니 아이들이 이런 실수를 하는 것은 자연스러운 일이다. 실수는 아이들이 배우는 데 도움이 된다. 어른들이 아이들을 돌보는 것도 아이들이 당연히 실수할 거라고 생각하기 때문이다. 사연 속 아이와 아이의 친구에게는 그만하라고 말해줄 선생님이 있었으니 괜찮았다. 아이는 선생님에게 주의를 받자마자 행동을 멈췄고 친구를 다치게 할 필요는 없다는 것을 깨달았다. 그러면 성공이다. 나는 이 아이가 걱정되지 않는다. 선생님과 어머니는 앞으로도 계속 아이에게 동물적인 뇌가 나서기에 적절한 때와 그렇지 않은 때를 배울 수 있도록 도와줄 것이다.

아이가 '너무 피곤해서' 그랬는지도 모르겠다고 말했을 때, 나는 이 이유가 어른에게서 나온 것이 아닐까 의심했다. 어른들은 더 복잡한 상황에서도 단순히 설명하는 것을 좋아한다. 혹시 아이가 놀림을 당하고 있지는 않았을까? 아니면 압박감을 느꼈는데 그 순간에 압박감을 표현하거나 해소할 방법이 친구의 목에 비슷한 압박을 가하는 것밖에 없었을 수도 있다. 이럴 때는 동물적인 뇌가 긴급 상황으로 느끼기 전에 감정을 말로 표현하는 것이 좋다. 어려울 수는 있지만 말을 하면 압박감은 해소된다.

✳ **일상의 지혜** ✳

대화를 시작하기 전에 모든 것을 다 파악하려 하지 않아도 된다. 때로는 내가 어떤 감정을 느끼고 있으며 무엇을 알고 있는지를 대화를 통해서만 깨달을 때도 있다.

우리가 이 사연에서 또 알 수 있는 점은 나중에 후회할 행동을 했을 때 자신을 용서하기가 매우 어려울 수 있다는 것이다. 우리는 인간이고, 인간은 실수를 한다. 그것이 우리가 배우는 방식이다. 어른들도 때로는 부적절하게 동물적인 뇌에 사로잡히곤 한다. 충동을 조절하는 법을 배우는 일이 누구에게나 쉽지는 않다. 관건은 좌절감을 견디고, 유연성과 문제 해결 능력을 키우고, 타인의 관점에서 현상을 바라보고 느끼는 법을 익히는 데 필요한 기술을 개발하는 일에 집중하는 것이다. 이런 기술을 성장 과정에서 자연스럽게 습득하는 사람이 있는가 하면, 성인이 되어서 배워야 하는 사람도 있다. 바로 반응하지 않고 깊이 생각해서 대응하는 법을 배우는 것은 연습과 인내, 때로는 전문가의 도움이 필요한 더딘 과정이다. 헬스장에서 새 근육을 키우는 데 시간이 걸리듯 뇌에 필요한 새 경로를 만드는 데도 시간이 걸린다.

말다툼을 한 뒤 걱정되고 초조한 마음이 든다면 그런 감정에 휩쓸리지 말고 걱정하는 자신을 어느 정도 거리를 두고 지켜보자. 그러면 지켜보는 부분(이성적인 뇌)이 걱정하는 부분(동물적인 뇌)에게 초조해하거나 죄책감을 느끼고 싶으면 그래도 되지만 그럴 필요는 없다고 말해줄 수 있다. 그리고 앞에서 말했듯 울거나 소리를 지르며 나무를 향해 또는 이해심 많은 사람에게 감정을 표출하는 것도 좋은 방법이다.

자기주장을
할 줄 아는 사람이 되자

사람들이 "무엇을 말하는지보다 어떻게 말하는지가 중요하다" 라는 말을 흔히 하는 데는 이유가 있다. 이런 경우를 그만큼 많이 찾아볼 수 있기 때문이다. 소통 방식에 주의를 기울이는 것의 장점은 그것이 내가 할 수 있는 일이라는 것이다. 다른 사람의 행동이나 태도는 통제할 수 없어도 내가 어떤 말로 대응할지는 통제할 수 있다.

너무 엄격하고 공격적인 태도와 너무 느긋하고 관대한 태도 사이에서 어떻게 균형을 잡을지 하는 문제는 특히 업무적인 대화나 관계와 관련해서 제기된다. 나의 대응에 책임을 지고 구성원들과의 관계에서 내가 맡은 역할을 인식하는 것과 상대의 비위를 맞추는 사람이 되는 것에는 차이가 있다. 갈등을 두려워하는 한 여성 CEO의 사례를 살펴보자.

커리어 면에서 도움이 필요합니다. 저는 아침마다 가슴이 내려앉습니다. 능력이 부족하다는 생각에 하루를 시작하는 일이 버겁게 느껴져서 그렇지요. 전쟁 같은 하루를 어찌저찌 넘기고 나면 괜찮은 것 같다가도 다음 날이면 같은 상황을 다시 마주해야 합니다. 이런 나날을 지겹도록 반복하고 있어요.

제가 너무 높은 자리에 앉아 있다는 생각이 듭니다. 여기까지 올라올 수 있었던 것은 아마도 혈연 덕분이겠지요. 큰 조직을 경영하고 있는 제가 사기꾼처럼 느껴집니다. 직원을 관리하는 영역에서는 타고난 리더가 못 되다 보니 사람들에게 어떻게 일을 시켜야 하는지도 모르겠어요. 저는 직원들의 '호감'을 얻으며 일을 하게 하고 싶습니다. 그래서 절대 '명령'하지 않고 늘 간청하다시피 합니다. "혹시 가능하시면 부디 제발 해주실 수 있을까요?"라고 강아지처럼 애원하는 스타일이에요. 피곤한 일이지요. 저는 전략가로서는 나쁘지 않은데(그 관점에서는 괜찮은 것 같아요) 나머지는 다 문제입니다.

저는 누군가를 기분 나쁘게 했거나 말을 잘못했거나 오해받지 않았는지 생각하고, 이 사람이나 저 사람이 저를 좋아할 수 있도록 고민하느라 업무 시간의 절반을 쓰고 있습니다. 정말 너무 진이 빠지는 일이에요. 평생 이런 철학으로 살아왔던 것 같습니다. 인생의 관점에서도 좋은 전략은 아닌 것 같은데, 대안을 모르겠어요. 아직 완전한 어른이 되지 못한 것 같아요. 경영자 코칭도 받아봤지만 효과는 없었습니다.

사람들의 비위를 지나치게 맞추면 오히려 역효과가 날 수 있다. 환심을 사려는 행동이 지나치면 짜증스럽게 느껴질 수 있기 때문이다. 상대에게 맞추려고 애쓰다 보면 그 과정에서 자기 생각과 지혜를 잃어버리게 되는 경우가 많다. 하지만 타인의 감정이나 생각을 고려하지 않거나 고려할 줄 모르는 사람도 좋은 사람은 아니다.

명령과 간청 사이의 균형을 찾는 간단한 방법은 나라면 업무 지시를 어떻게 받고 싶은지 생각해보는 것이다. 내가 상대 입장이라면 중요한 일인지 아닌지 알 수 없는 애매한 요청도, 나를 선택권이나 생각이 없는 로봇이나 노예로 보는 듯한 일방적 명령도 싫을 것이다. 의사를 좀 더 직접적으로 전달해보자. 그러려면 앞에서 말했듯 '나' 화법을 유지해야 한다. 이를테면 "회의에 매번 늦으시네요"라는 말 대신 "고객을 기다리게 하면 고객을 잃을 수 있습니다. 앞으로는 회의에 5분 일찍 와주세요"라는 말을 해볼 수 있다. 이때 원칙은 상대의 행동이 낳을 수 있는 결과를 언급한 다음 대신 어떤 행동을 원하는지 말해주는 것이다.

업무를 맡길 때는 상대에게 선택권을 어느 정도 주되 너무 많이 주지 않는 편이 좋다. 이 방법은 업무 외적인 상황에서도 유용하다. 직원에게 보고받을 일이 있다면 "이 이야기는 나중에

할게요"라고 말하거나 "시간 되실 때 이야기 좀 해요"라고 간청하기보다는 "이 건은 오늘 중으로 이야기해봐야 해요. 직접 만나서 하는 게 좋으시겠어요, 아니면 전화로 할까요?"라고 물어보는 편이 결과가 더 좋다. 보고를 받을 것이라는 점은 확실히 하되 상대가 더 편하게 말할 수 있도록 보고 방식에 관해 선택권을 주는 것이다.

여성들은 성장 환경과 문화의 영향으로 자기주장을 하기보다 호감을 주는 사람이 되도록 교육받는 경우가 많다. 이런 문제는 나 자신에 관해 자신과 타인에게 이야기하는 방식에서 가장 먼저 드러난다. 사연으로 돌아가자면, 자기주장을 한다는 것은 이를테면 "저는 전략가로서는 나쁘지 않은데(그 관점에서는 괜찮은 것 같아요) 나머지는 다 문제입니다"라는 말을 "제 강점은 전략을 세울 수 있다는 것입니다"라는 말로 바꾸는 것을 뜻한다. 명령과 간청 사이의 중간 방법을 연습하고 나면 자신이 더 어른답게 느껴질 것이다. 당신도 사연자처럼 가면 증후군impostor syndrome으로 고생하고 있다면 이 방법이 증상 완화에 도움이 될 수 있다. 단순히 호감을 얻는 것이 아니라 서로 존중하는 것을 목표로 삼는다면 당신도 주변 사람들도 기분이 좋아질 것이다. 최고의 리더는 지배하는 사람이 아니라 경청하고 존중하며 피드백을 수용해 결정을 내리는 사람이다.

이번 장에 나온 다른 모든 조언('당신' 화법 대신 '나' 화법 쓰기, '해야 한다' 같은 말 피하기, '나는 옳고 너는 틀렸다'라는 태도 버리기)이 그럴듯 동료와 갈등을 풀어나갈 때 적용할 수 있는 내용은 시어머니나 배우자, 단짝 친구, 손주와 이야기를 나눌 때도 대부분 적용할 수 있다. 결국 사람은 다 비슷하니 말이다. 자기주장을 하는 법을 배운다면 인생의 모든 영역에 도움이 될 것이다.

작별을
고해야 할 때

이번 장에서는 지금까지 관계의 고비를 넘기는 데 도움이 되는 내용을 살펴봤다. 하지만 지킬 가치가 없는 관계라면 갈등을 풀려고 노력하기보다 늦기 전에 떠나는 편이 나을 때도 있다. 관계를 끊는 것은 많이들 생각하는 것만큼 해로운 경우가 드물며 오히려 최선책이 될 수도 있다(다만 관계를 쉽게 끊는 습관이 있다면 그 패턴을 살펴보는 것도 고려해봐야 한다). 이런 이야기를 하면 대부분 연인과의 이별을 떠올리지만, 이별은 연인 관계에만 국한되지 않는다는 점을 기억하는 것이 중요하다. 우리는 어떤 관계에서든 나 자신의 행복을 우선시할 권리가 있다. 그러려면 관계를 끝내야 한다고 해도 말이다. 상대의 마음을 상하게 할지도 모르지만, 해소할 수 없는 차이가 있다면 어차피 그 관계는 지속될 수 없을지도 모른다. 모든 사람이 우리 삶에 영원히 함께할 수 있는 것은 아니니, 이 점을 인정하고 행동해도 괜찮다.

나는 결혼을 앞둔 친구에게 들러리가 되어달라는 부탁을 받은 젊은 여성의 사연을 읽으며 이 점을 떠올렸다.

친구가 약혼한 지는 5년이 됐습니다. 그동안 코로나 때문에 일정을 두 번 변경했고, 이제 내년에 결혼식을 올릴 예정이에요.

친구가 약혼했을 때 저는 몇 안 되는 친구 중 하나였습니다. 저희는 10대 때부터 친했고 함께 어울려 술을 마시며 파티를 즐기곤 했어요. 친구는 일을 시작하면서 현명해지고 야심이 생겼고, 약혼자를 만나 정착했습니다. 저는 대학교에 진학해 여러 사람을 만나며 친분을 쌓았지요. 그러면서 사이가 멀어지기 시작했습니다. 친구가 들러리를 서달라고 부탁한 것은 4년도 더 전의 일인데, 당시에는 부탁할 사람이 많지 않았기 때문인 것 같아요.

그 뒤로 저희의 우정은 점점 소원해졌습니다. 친구는 일 때
문에 평일 저녁에는 약속을 전혀 잡으려 하지 않고, 주말에 외
출하는 것도 더는 좋아하지 않아요. 그래서 제가 1년에 두 번
정도 차를 마시러 친구 집에 가고 있습니다. 친구가 결혼식 계
획을 이야기하는 것을 듣고 그동안 못 한 이야기를 수박 겉핥
기식으로 나누다가 집을 나서지요. 이렇게 만날 때를 빼면 저
희는 평소에 몇 달씩 연락하지 않고 지내고, 겹치는 관심사나
친구도 없습니다. 저는 친구의 약혼자를 만나본 적도 없어요.
저희 둘 다 우정을 위해 시간이나 노력을 딱히 쏟고 있지 않습
니다. 유감스럽게도 친구는 완벽한 결혼식에 엄청 신경을 쓰
는데, 이 부분도 서로 의견이 일치하지 않습니다. 제 고민은 이
렇습니다. 저는 돈을 많이 못 버는 일을 하고 있어서, 외국에서
나흘 동안 처녀 파티를 할 형편이 안 돼요. 저에게 주어진 책
임에서 벗어나고 싶습니다. 처녀 파티에 가고 싶지도, 들러리
를 서고 싶지도, 심지어 결혼식에 가고 싶지도 않아요. 친구들
은 고작 며칠이니 울며 겨자 먹기로라도 다녀오라고 하지만,
저는 이 상황을 피하고만 싶습니다.

다들 자기 위주로 시간과 장소를 정해 시간을 보내고 싶어

하는 사람을 만나본 적이 있을 것이다. 이런 사람은 나만큼 관계에 노력을 쏟지 않으면서도 내가 계속 그 이상을 해주기를 기대한다. 사연자는 완벽한 들러리가 되어주겠다는 약속을 지켜야 하지만, 이것 때문에 근심으로 마음이 계속 어지러운 상황이다. 이 상황을 빠져나왔을 때 돌려받을 수 있는 것은 돈과 며칠의 시간 그 이상이다. 사연자는 몇 달 동안 시달렸던 걱정에서도 벗어날 수 있을 것이다. '나쁜 사람'이 되는 것은 괴로운 일이고 빠져나오는 과정이 유쾌하지는 않겠지만, 더 이상 좋은 척을 하지 않아도 된다는 안도감이 보상이 되어줄 것이다.

내가 사연자라면 신부가 될 친구에게 다음과 같은 편지를 쓸 것이다.

X에게. 정말 미안해. 오래전에 들러리가 되어주기로 약속했으니 좋은 사람이라면 약속을 지켜야겠지. 하지만 네 결혼식이 다가올수록 들러리를 서는 것도, 처녀 파티에 참석하는 것도, 실은 결혼식에 가는 것도 하고 싶지 않다는 생각이 들어. 이렇게 발을 빼는 것이 좋은 친구가 할 행동은 아니라는 걸 알아. 미안해. 형편이 안 되기도 하지만 그 자리에 있는 것이 내키지 않아서 그래. 그런 척을 할 수도 없고, 그렇다고 열의 없는 모

습으로 너의 소중한 날을 망치고 싶지도 않아. 멋진 하루를 보내기를 바라. 그리고 미안해. 애정을 담아, Y가.

예전에는 소중했던 사람이 이제는 공통점이 훨씬 적은 사람이 되어버렸다는 사실을 믿기 어려울 수 있지만, 이런 일은 일어날 수 있다. 당신의 삶을 근심으로 채우고 있는 사람이 있어서 그 사람을 끊어내는 데 허락이 필요하다면 내가 허락해드리겠다. 다른 이유는 필요하지 않다. 당신이 근심하고 있다는 것만으로도 충분한 이유가 된다. 상대는 이렇게 생각하지 않고 큰 상처를 받을 가능성이 크다. 하지만 내가 속을 태우든 상대가 상처받든 어차피 둘 중 한 사람은 괴로울 수밖에 없다. 나를 볼모로 잡은 건강하지 않은 관계에서 나와 상대를 모두 풀어주자.

✳ **일상의 지혜** ✳

때로는 진실해지기 위해 친절함을 포기해야 할 때도 있다. 그래서 죄책감이 든다면 원망보다 죄책감이 낫다는 것을 기억하라.

불화와
회복

배신감이 들거나 신뢰가 깨졌다는 생각이 들면 상처를 준 사람을 용서하고 그동안 쌓인 분노를 내려놓기가 쉽지 않을 수 있다. 다음 이야기가 바로 이런 사례다. 사연을 보낸 여성은 40년 동안 결혼 생활을 했으나 남편이 30년 동안 바람을 피우고 있었다는 사실을 알고 충격을 받은 상태였다.

제 것인 줄 알고 남편 휴대전화를 집었다가 모르는 여자가 보낸 문자메시지를 보게 됐습니다. 남편이 그 여자와 문자메시지를 주고받으며 약속을 잡은 내용을 보니 말투에 애정과 사랑이 넘치더군요. 제가 따져 묻자, 남편은 30년 전쯤 5년 동안 바람을 피웠던 상대라고 했습니다. 남편 말로는 죄책감이 들어서 상대가 괴로워했는데도 관계를 정리했답니다. 저를 떠날 생각은 추호도 없었다고 해요. 연락을 다시 시작하기는 했지만, 성적인 관계가 아니라 친구 사이로 지내기로 했다는 것입니다.

남편은 그 여자를 찾아간 적은 있지만 육체적인 관계는 전혀 없었다며 두 사람 모두 저희 가정을 위태롭게 할 생각은 없었다고 주장합니다. 저는 엄청난 충격을 받았습니다. 전혀 알지 못했던 남편의 면모를 봤어요. 남편은 우정이었을 뿐이라는 주장을 굽히지 않지만, 문자메시지에는 남편이 그 여자에게 사랑한다고 말하는 내용도 있었어요. 저에게는 오랫동안 하지 않은 말입니다.

저희 부부는 스킨십을 안 한 지 오래됐어요. 남편이 스킨십을 좋아하지 않는 사람이라고 늘 생각하기는 했는데, 지난 몇 주 동안 제가 극심한 충격에 빠져 있었을 때도 남편은 저를 안아주지 않았어요. 남편의 손길이 위안이 된다고 말했는데도 소용없었죠.

두 사람의 관계가 저희 관계에서 너무 많은 것을 빼앗아 간 느낌이에요. 남편은 제 말에 동의하며 미안해합니다. 저희는 70대 초반이고 아이들과 손주들이 있어요. 이혼해서 가족들에게 스트레스를 주는 것은 못 할 일인 것 같습니다. 남편과 저는 관계를 회복하기 위해 노력하기로 약속했지만, 마음 한편으로는 이렇게 오랫동안 성적으로도 감정적으로도 충실하지 못했던 사람과 계속 산다는 것이 미친 짓이 아닌가 싶기도 합니다. 아직도 충격에서 헤어나지 못하고 있어요. 제가 어리석

고 나약하고 한심하게 굴고 있는 것일까요? 이런 상황에서 회

복하는 부부도 있을까요?

중요하게 언급할 점은 사연자가 관계를 끝내야 할지가 아니

라 회복할 수 있을지 물었다는 것이다. 우선 그가 어리석지도

나약하지도 한심하지도 않다는 것을 분명히 짚고 넘어가고 싶

다. 이들과 같은 상황에서 회복하는 부부도 분명히 있다. 다만

에베레스트산을 오르는 것처럼 힘들게 느껴질 수는 있다. 배신

당한 배우자가 외상 후 스트레스 장애PTSD를 겪는 일도 있다.

정서적 안녕감이 위협받고 안전감이 손상됐기 때문이다.

아마도 부부 상담사와 모든 감정을 마주하는 과정을 거치지

않고서는 이런 일을 덮고 넘어가기란 어려울 것이다. 사연자는

배신당한 사람으로서 외도가 남긴 정신적 외상과 자신의 본능

과 현실 감각을 숱하게 의심했던 기억을 극복해야 할 것이다.

이 과정에는 시간이 오래 걸릴 것이며, 남편으로서는 이 시간이

무척 더디게만 느껴질 것이다. 하지만 중요한 것은 두 사람이

이 과정을 끝까지 함께하는 것이다. 상담 시간이나 다른 정해진

시간에만 이야기를 나누도록 제한하면 부담감을 느끼지 않을

수 있고 필요한 대화를 위한 체계와 지원을 모두 갖출 수 있다.

연인 관계든, 친구 관계든, 가까운 가족 관계든 두 사람이 불화의 순간을 겪고 있다면 깨진 관계를 회복하기 위해 소통하는 방법과 함께하는 방법을 새로 배워야 할 가능성이 크다. 또한 갈등에 대처하고 신뢰를 쌓는 방법도 새롭게 찾아야 할 것이다. 무엇보다 중요한 것은 새로운 친밀감과 온기가 쌓일 수 있도록 마음을 열고 분노를 비롯한 감정과 욕망, 생각을 나누는 일에 적극적으로 나서야 한다는 것이다. 우리는 깨진 관계에서 잘못된 점이 아닌 좋은 점, 즉 사랑의 조각들로 초점을 옮겨갈 방법을 찾아야 한다. 불만을 이야기하기 전에 이런 애정 어린 행동을 습관으로 만들어야 신뢰를 다시 쌓을 수 있다. 놀랍게도 다정하고 너그럽게 행동하기로 결심하면 실제로 애정을 더 느끼게 된다. 감정은 행동을 따라가기 때문이다. 그러려면 연습이 필요하다. 친밀한 대화를 나눌 때 생기는 정서적 연결은 모든 관계의 기초가 된다.

그런가 하면 불화를 일으킨 사람이 되는 것도 똑같이 힘든 일일 수 있다. 다음 사연은 해외로 이주해서 현재 딸과 소원해진 남성이 보내온 것이다.

저는 이혼 경험이 있는 예순여덟 살 남성입니다. 15년 전 다른 나라에서 삶을 꾸리기 위해 영국을 떠났습니다. 당시 딸은 스물한 살이었고, 대학교를 졸업한 뒤 자기 엄마 집 근처에 있는 셰어하우스에서 지내고 있었습니다. 이민은 저에게 좋은 결정이었으며 직업적으로 큰 성공을 가져다주었습니다. 그동안 세운 사업체는 모두 번창했고 지금은 국제 구호 단체를 운영하고 있습니다. 영국을 떠난 뒤로 개인적인 삶도 술술 풀려서 재혼까지 했습니다.

제가 떠났을 때 딸과 사이가 별로 좋지 않았는데, 딸아이가 엄마와 편을 먹고 저를 공격했기 때문입니다. 당시 저는 영국 생활이 맞지 않아 우울했고, 아이 엄마도 정신 건강에 문제가 있어서 딸 곁에 있어주지 못할 때가 있었습니다. 그래서 이민을 결심했을 때 바로 알리는 대신 짐을 다 싸고 주변을 전부 정리한 상태에서 떠나기 일주일 전 말을 꺼냈습니다. 지금 돌이켜보면 그렇게 했던 것이 뼈저리게 후회됩니다. 안타깝게도 저희는 화해하지 못했고, 이것은 제 삶에 큰 후회로 남아 있습니다.

저희 관계가 소원해진 이유는 제가 외국으로 떠났기 때문이 아니라 더 일찍 말하지 않았기 때문인 것 같습니다. 제가 잘못 대처해서 딸에게도 저에게도 큰 상처를 입힌 것이지요.

딸이 저에게 버림받았다고 느꼈을 수도 있겠다는 생각이 들지만, 전화를 걸어도 받지 않으니 잘 모르겠습니다.

지금 제 삶이 좋지만, 제 삶에 딸이 없다는 사실이 가슴 아픕니다. 저는 딸아이를 무척 사랑해요. 소원해진 관계를 어떻게 풀어가야 할지 몰라서 속이 타들어갑니다. 딸은 저를 마음속에서 지워버린 것 같습니다. 아내는 제가 연락을 다시 해봐야 한다고 생각하지만, 저로서는 방법을 모르겠고 해가 갈수록 더 불가능한 일처럼 느껴집니다.

사연자가 딸을 보지 못하고 있다니 정말 애석한 일이다. 성공한 삶을 살고 있어도 딸과 여전히 이야기를 나누지 못하고 있다는 것은 이 남성에게 분명히 깊은 상실이다.

관계를 소원하게 만드는 소통 방식이나 갈등 유형이 따로 있지는 않다. 불화가 생겼을 때 당사자들이 저마다 생각하는 원인은 완전히 다를 때가 많을 것이다. 이를테면 부모들은 대개 이혼 자체나 전 배우자가 자기를 부당하게 비난한 것이 자녀와 멀어진 원인이었으리라고 말하지만, 성인 자녀는 대개 학대나 방치 같은 가혹한 대우나 부모가 자기를 봐주지 않거나 받아들여주지 않고 중요하게 생각하지 않는다는 느낌을 원인으로 꼽는다.

사연자의 딸이 아버지가 이민 결정을 알린 방식을 좋아하지 않았을 수는 있어도(아버지가 결정을 내리게 된 과정을 당시에 말해주기를 바랐을 수도 있고, 자기 삶에 관심을 더 가져주기를 원했을 수도 있다) 그것이 현재 아버지와 아무런 관계도 맺고 싶어 하지 않는 이유일 가능성은 낮다. 부모와 자녀의 관계가 소원해지는 일은 대개 이혼(사연자의 경우는 이민) 발표 같은 사건 이후에 일어나므로 그 사건이 불화의 원인이라고 생각하기 쉽지만, 한 가지 사건이 주된 원인인 경우는 드물다. 불화는 대개 여러 가지 일이 누적되어 생기며, 상대가 그런 일들을 어떻게 경험하고 해석하고 인식했는지에 따라서도 달라진다.

내가 사연자의 상황이라면(또는 사랑하는 사람이 나와 관계를 끊기로 마음먹은 상황이라면) 딸과 사이가 멀어져서 얼마나 슬픈지를 글이나 말로 전할 것이다. 네 관점에서 이해해보고 싶다고 말하고, 네가 어떤 경험을 했고 그 경험을 어떻게 해석했는지 알 수 있게 도와달라고 청할 것이다. 딸이 대답을 해주면 딸의 생각에 영향을 준 사건과 감정을 모두 이해하려고 노력할 것이다. 그런 다음 딸의 말을 경청했으며 방어적 태도를 보이지 않았다는 것을 알려주기 위해 딸이 말한 내용을 그대로 다시 들려줄 것이다. 방어적 태도는 딸의 분노에 다시 불을 지필 수 있으며, 이것은 사연자에게 크게 도움이 되지 않을 것이다.

자기가 옳다고 주장하는 것은 불화를 회복하는 가장 좋은 방법이 아니다. 가장 좋은 방법은 상대의 말을 경청하고, 이해하며, 이해했다는 것을 보여주는 것이다. 나는 상대가 이해받았다고 느끼면 그때야(그리고 상대가 알고 싶어 할 때만) 나의 경험을 이야기할 것이다. 내가 무엇을 후회했고 무엇을 후회하지 않는지 말이다. 내가 건네는 말에 상대가 반응하든 하지 않든 나는 상대를 늘 생각하고 있다고 확실히 말해줄 것이다. 상대보다 내가 먼저 죽을 가능성이 크고, 사연자에게 딸이 분명 그렇듯 상대가 나에게 무척 중요한 사람이라면 내가 살아온 이야기와 재산, 유품을 유언으로 남길 것이다.

관계에 불화가 생겼다면 지금부터 회복하려고 노력해도 늦지 않다. 행동한다고 해서 결과가 좋아진다는 보장은 없지만, 시도해볼 수는 있다. 문을 열어볼 수는 있다. 아무 일도 일어나지 않을지도 모른다. 하지만 닫힌 문 뒤에 머물러 있는다면 아무 일도 일어나지 않을 가능성은 더 크다.

논쟁하는 방식은 사람 수만큼이나 다양하다. 그러니 이번 장에 나온 사연들에 관한 조언을 어디에나 적용할 수 있는 지침으로 받아들여서는 안 된다. 모든 관계가 다르고 모든 논쟁이 다르기 때문이다.

하지만 사람들이 논쟁할 때 보이는 일반적인 패턴을 일부 살펴보며 내가 타인과 소통하고 관계를 맺는 방식이 나에게 도움이 되는지 안 되는지 파악할 수 있었기를 바란다. 도움이 안 된다면 접근 방식을 어떻게 바꿔보면 좋을지 몇 가지 아이디어를 얻었기를 바란다. 우리의 목표는 논쟁을 피하거나 모든 논쟁에서 이기는 것이 아니다. 진전을 이루고, 상호 이해와 타협에 이르며, 궁극적으로 더 견고하고 진정성 있는 관계를 맺는 것이다.

3장

우리는 어떻게 변화하는가

좋든 나쁘든 새로운 상황을 헤쳐나가기

반복되는 일상을 살다 보면 삶이 가만히 멈춰 있다거나 '영원'이라는 것이 있다는 착각이 들 수 있지만, 사실 인생에서 변하지 않는 것은 단 하나, 바로 변화뿐이다. 아기가 아이가 되고, 아이가 어른이 되고, 어른이 나이가 들고, 그러다 보면 삶은 끝이 난다. 인생이 어떤 굴곡진 궤도를 그리든 간에 변화는 예외 없는 단 하나의 보편 법칙이다.

정신이 건강한 사람은 이 사실을 받아들이고 자신과 주변 사람들의 삶에 끊임없이 일어나는 변화에 맞춰 적응한다. 하지만 그렇다고 해서 변화를 받아들이거나 실행하는 일이 마냥 쉬운 것은 아니다. 변화가 두렵지만 일어나는 것을 막지 못할 때도 있고, 변화를 간절히 바라지만 어떻게 불러와야 할지 모를 때도 있다. 인생이 갑갑하게 느껴지거나 오래된 습관을 버리고 새로운 습관을 들이고 싶을 때처럼 말이다.

이번 장의 목표는 당신이 변화를 직시하고 변화를 어떤 태도로 대하고 있는지 깨달을 수 있게 돕는 것이다. 변화에 접근하는 방식을 바꾸고 싶은지, 그렇다면 어떤 부분에서 바꾸고 싶은지 알아내는 데 도움이 되는 내용과 어떻게 실천하면 좋을지 제언하는 내용을 담았다. 무엇보다 이번 장을 통해 새로운 미지의 상황에 대처하는 데 필요한 자신감과 안도감을 얻을 수 있기를 바란다.

갑갑한 상황에서
빠져나오는 법

사람들이 보내오는 메일을 보면 남들이 얼마나 못된 행동을 하는지, 그래서 자기 삶이 얼마나 고달픈지 토로하며 이 끔찍한 사람들을 어떻게 하면 해결할 수 있냐고 묻는 사연이 많다. 나의 답변을 받아본 사연자들은 대개 실망한다. 상황이 달라지기를 바라면 자기부터 바뀌어야 한다는 내용이기 때문이다. 나는 자신이 왜 그런 기분을 느끼고 그런 행동을 하게 되는지 어느 정도는 인식할 필요가 있다고 당부한다.

자기 인식의 좋은 예는 잠시 시간을 내어 호흡에 집중하는 것이다. 내가 어떻게 숨을 쉬고 있는지 의식하다 보면 숨을 천천히 쉬게 되고, 숨을 천천히 쉬다 보면 마음이 한결 평온해진다. 자기 인식은 내 숨을 알아차리는 것에서 그치지 않는다. 내 몸과 내 생각과 내 신념 체계를 어떻게 다스리고 있는지, 다른 사람들에게 어떤 영향을 미치며 어떻게 관계를 맺고 있는지 깨닫기 전까지 내가 바꿀 수 있는 것은 아무것도 없다. 인생을 개선할 돌파구를 마련하려면 시간과 생각, 연습이 필요하다.

우리는 무언가 달라지기를 바랄 때 변화가 외부에서 일어나기를 원하는 경향이 있다. 이를테면 백마 탄 왕자 같은 구원자가 나타나거나, 복권에 당첨되거나, 배우자나 애인의 성격이 완전히 바뀌기를 바란다. 당연히 그럴 수 있다. 하지만 수동적 태도가 일반적이라고 해서 그것이 바람직한 것은 아니다. 다음은 옛사랑에게 집착해 앞으로 나아가지 못하고 과거에 갇혀 있다고 느끼는 남성이 보내온 사연이다. 사연자는 제 감정에 자기가 얼마나 책임이 있는지 알려고 하기보다 남을 탓하는 것이 더 쉽다고 여기는 듯했다.

40년 전 고등학교를 졸업하고 대학교에 들어가면서 한 여자에게 온통 마음을 빼앗겨 연애에만 몰두했습니다. 그가 시간을 질질 끌다가 이별을 고했을 때 저는 만신창이가 되어버렸습니다. 주변에서는 다들 거의 모르고 지나갔지만 신경쇠약에 걸렸을 정도였어요. 간신히 학업을 이어갔고 인생은 계속 흘러갔지만, 그를 잃은 정신적 충격은 사라지지 않았습니다. 장래가 촉망되는 학생이었던 저는 학자로 성공할 기회를 놓쳐버렸어요. 지금까지도 제가 '이뤄냈을지도 모르는 것'을 생각하면 괴로울 때가 있습니다. 참고로 저를 떠나간 그 사람은 공부를 계속해서 학계에서 뛰어난 경력을 쌓았습니다. 저는 우울증으로 수십 년 동안 심리치료를 받았다가 중단하기를 반복하고 있는데 말이지요.

그러다 30년 전 지금의 아내를 만났습니다. 저희는 무척 행복한 결혼 생활을 해왔고 멋진 아이도 둘을 두고 있습니다. 아내는 정말 좋은 엄마예요. 그런데 잃어버렸던 옛사랑이 1년 전 연락을 해오면서 엄청난 위기가 생겼습니다. 그 뒤로 그와 만난 적은 없지만 연락은 이어오고 있고, 그러면서 40년 묵은 문제를 풀어나갈 수 있게 되어 저로서는 심리적으로 훨씬 안정된 상태이기는 합니다.

하지만 아내는 제가 자기를 '꿩 대신 닭'으로 여긴다고 확신하고 있어요. 그에게 문자나 메일이 올 때마다 아내에게 알려주기로 약속해서 그렇게 하고는 있지만, 매번 입장이 곤란해집니다. 아내는 어떤 연락이 오든 속상해하는 데다가 저를 감시까지 하는 것 같아요. 제가 그에게 먼저 연락하는 일은 드물고, 그도 관계를 진전시키고 싶다는 뜻을 내비친 적이 한 번도 없는데 말입니다. 그는 싱글이며 남의 남자를 유혹하는 사람이 되고 싶지 않다고 단호하게 말합니다. 저는 그와 친구 사이를 유지하고 싶습니다. 그 시절을 함께 보낸 이 중에 아직도 알고 지내는 사람은 그뿐이니까요. 과거의 트라우마를 극복하고 옛사랑과 새로운 관계를 쌓아가는 이 시간은 저에게 무척 도움이 되고 있습니다. 하지만 아내의 반응을 견디기 힘드네요. 이 관계를 끊으면 여전히 좋아하는 사람을 또다시 잃고 말 것입니다.

내가 사연자의 아내라면 남편이 오랜 친구를 '잃어버렸던 옛사랑'으로 생각하고 있는데 안심이 되지는 않을 것 같다. 하지만 이 부분은 제쳐두더라도 사연자는 지금의 삶이나 자기 행동에 책임을 지고 있지 않은 것처럼 보인다. 마치 자기는 가만히 있는데 이런 일들이 그냥 일어난다는 듯 제 감정과 상황을 두고 주변을 탓하고 있는 것 같다. 옛 애인을 다시 만날 일이 없다고 확신하는 이유도 상대가 남의 남자를 유혹하는 여자로 보이고 싶어 하지 않는다는 것뿐이다. 자신을 주체성이 없는 사람으로 여기는 듯한 태도다. 사연자는 자신을 옛 애인과 아내 사이에 던져진 공처럼 생각할 것이 아니라 어쩌다가 이런 상황에 놓이게 됐는지 자문해봐야 한다.

사람들이 인생에서 오도 가도 못하는 상황에 놓였을 때, 세상일에 어떻게 대응할지 선택할 권리가 자신에게 있다는 것을 모르는 경우가 종종 있다. 이들의 눈에는 자기가 하거나 하지 않은 행동과 그로 인한 결과에 책임질 생각은 없이 이런저런 일이 그냥 일어난 것처럼 보일 것이다. 인생의 뒷좌석에 갇혀서 운전자가 자기를 원하는 곳으로 데려다주지 않는다고 불평하는 꼴이다. 물론 좋은 일이 그냥 일어날 때도 있다. 사람들은 복권에 당첨되기도 하고(이것도 복권을 사야 가능한 일이다) 어쩌다 보니 때와 장소가 맞아떨어져서 기회를 잡기도 한다. 제1세계에서 태어나거나 양질의 교육을 받는 것처럼 운에 달린 일도 있으니, 운이 분명히 도움이 되는 것은 맞다. 하지만 그렇다고 해서 운에만 의존할 수는 없다.

특정 경험 때문에 피해의식을 가지고 있는 경우도 있을 수 있다. 피해의식이 정체성의 일부가 된 것처럼 보일 수도 있지만, 이것은 환경에 적응한 결과이므로 바꿀 수 있다. 과거의 경험 때문에 경계심이 극도로 높아지면 모든 상황을 자신에 관한 것으로 생각하기 시작하고, 이렇게 되면 타인과 자기 삶을 부정적으로 바라보는 시각이 강화될 수 있다.

피해자 모드를 나타내는 지표 중 하나는 주변에서 어떤 해결책을 제시해도 소용이 없는 이유를 나열하며 도와주려는 사람을 혼란스럽거나 답답하게 하는 것이다. 피해자가 되는 것에는 이점이 없지만, 피해자 역할에 갇혀 있는 것에는 이점이 있다. 이를테면 자기 삶에 일어나는 일에 책임을 지지 않아도 되고 나쁜 것은 모두 다른 사람의 행동 탓으로 돌릴 수 있다. 이런 순간에 우리는 다른 사람의 행동에는 책임이 없지만 내가 어떻게 반응하는지에는 책임이 있다는 점을 기억할 수 있다. 나의 대응과 나의 우선순위, 나의 신념 체계를 바꿀 수 있다. 제2차 세계대전 중 강제 수용소에 있었던 오스트리아 정신의학자 빅터 프랭클은 가장 무력한 때에도 정신을 어떤 방향으로 이끌지 통제할 힘은 자신에게 있다는 사실을 깨달았다. 그는 간수들이 머릿속을 침범하게 내버려두는 대신 자기 삶의 의미를 찾고 어떤 생각을 들일지 통제할 힘이 있었다.

제 감정이나 제 삶에 일어난 일을 남 탓으로만 돌리고 나빴던 운을 계속 탓한다면, 자신의 어떤 행동 때문에 현재 상황에서 빠져나오지 못하고 있는지 직면하지 않고 할 수 있는 일에 마음을 계속 닫고 있는 것과 같다. 우리는 바꿀 수 없는 대상이 뜻대로 따라주지 않는다고 실망하는 대신 계속 배우고 적응하며 삶의 부침을 헤쳐나가야 한다. 동기부여 연사인 에드 포먼의 말처럼 "늘 해왔던 대로만 하면 늘 얻었던 결과를 얻게 된다". 이렇게 들어버린 습관을 바꾸려면 자각과 의지가 필요하다.

> ✳ **일상의 지혜** ✳
>
> 이도 저도 못 하는 상황에서 빠져나오는 간단한 해결책은 나의 행동과 신념 체계에 책임을 지는 것이다. 나의 행동 패턴을 인식하고 이 패턴이 과거 경험에서 비롯된 대응인지 파악한 뒤 현재 상황에 대응하기 시작하라.

우리는 모두 최초의 환경에 대응해 행동 패턴을 형성한다. 주어진 환경에서 살아남거나 잘 살아가는 데 도움이 되는 유용한 전략을 무의식적으로 생각해내기도 한다. 하지만 이런 방어 전략은 가정에서 학교로, 또 대학교에서 직장으로 삶의 환경이 바뀌면서 쓸모없어질 수 있다. 예를 들어 어린 시절에는 조용히 있고 눈에 띄지 않음으로써 살아남았을 수 있다. 이는 일찍이 그렇게 행동하면 맞거나 큰 소리를 듣는 것을 피할 수 있다고 배웠기 때문이다. 하지만 이렇게 몸을 사리고 말을 아끼는 전략은 이제 직장에서 주목받는 데 방해가 될 수도 있고, 원하는 승진 기회를 놓치게 할지도 모르며, 친구를 찾거나 동반자를 만나는 데 분명 최선의 전략이 아니다. 또는 어릴 때부터 모든 것을 농담으로 넘기는 방어 기제를 사용했을 수도 있다. 그러면 인기를 얻고 진짜 감정을 보호할 수 있었기 때문이다. 농담도 때와 장소를 가려가며 해야 하는데, 농담이 유일한 소통 방식이라면 관계에서 중요한 부분들을 놓치게 될 것이다.

갑갑한 상황에서 빠져나오는 첫 단계는 어떤 행동 패턴이 나를 계속 가둬두고 있는지 더 잘 자각하는 것이다. 나의 일부가 되어버린 패턴을 정확히 집어내기 어려울 수도 있고 내가 이런 패턴에 의존하고 있다는 사실조차 깨닫지 못할 수도 있지만, 앞으로 펼쳐질 삶에 적응하고 성장하려면 패턴을 반드시 바꿔야 한다. 운이 좋으면 주변에 친절하게 지적해주는 좋은 친구들이 있을지도 모른다. 일단 패턴을 인식하고 나면 과거에 했을 법한 방식대로 대응하는 것이 아니라 있는 그대로의 현재에 대응하기 시작할 수 있다.

사연으로 돌아가자면, 이 남성은 자신의 행동 패턴과 습관이 이도 저도 못 하는 현재 상황에 어떤 영향을 미치고 있는지 생각할 때가 된 듯하다. 그동안 피해의식에 사로잡혀 있지 않았는지 돌아보고, 지난 40년 동안 자신을 포로로 잡아둔 내면의 상처와 상사병에 빠진 현실성 없는 스무 살 청년에게서 벗어나야 한다. 사연자를 감옥에서 풀어줄 수 있는 사람은 사연자 자신뿐이다. 사연자는 '잃어버렸던 옛사랑'과 아내 사이에 던져진 공 노릇을 그만두고 자신이 원하는 결정을 내릴 수 있다. 아내와 함께하는 것이든 '잃어버렸던 옛사랑'과 함께하는 것이든 두 사람 모두와 함께하지 않는 것이든 간에 운전석에 올라타서 원하는 방향으로 나아갈 수 있다. 물론 이렇게 했을 때는 다른 사람을 탓하는 패턴에 기대는 대신 자기가 내린 결정의 결과에 책임을 져야 한다는 단점이 따른다.

자신이 오래된 행동 패턴에 갇혀 있는지 알아보는 다른 방법은 자기 패배적인 생각을 주문처럼 반복하며 두려워하고 있지 않은지 살펴보는 것이다. 침묵하는 데 익숙해진 사람이 제 목소리를 내지 못하거나 불편한 농담 뒤에 숨는 사람이 제 모습을 솔직하게 드러내지 못하는 것은 모두 두려움 때문이다. 우리는 방어 기제를 내려놓는 것이 두려워서 유지하려고 핑계를 댄다. 한 내담자는 새로운 대응을 시도하는 것이 마치 그랜드캐니언을 한걸음에 건너려는 것처럼 느껴진다고 말한 적이 있다. 그에게 가장자리로 발을 내딛는 것은 죽음으로 뛰어드는 것과 같았다. 하지만 실제로는 마침내 발을 떼자마자 협곡 반대편이 나타나서 단단한 바닥에 착지할 수 있었다고 한다.

내가 필요로 하고 원하는 것을 추구하려면 내가 무엇 때문에 앞으로 나아가지 못하고 있는지 이해하고 나 자신과 내 행동에 책임을 져야 한다. 쉽지는 않은 일이지만, 세월이 가는 것의 장점은 과거에 계속 지배당하지 않고 현재의 삶을 더 잘 통제하는 법을 배운다는 것이다.

변화는
자유를 줄 수 있다

변화는 어려울 수 있지만, 자유를 줄 수도 있다. 변화는 그동안 수동적으로 받아들였던 '의무'에서 벗어나 자신의 감정에 귀 기울이고 필요한 조정을 할 기회다. 변화는 때때로 도전적이지만 반드시 바람직하지 않은 것은 아니다. 우리에게는 자극이 필요하다. 우리의 정서적 건강을 유지해주는 것은 상황과 환경, 신체의 변화에 따라 새로운 방식으로 대응하는 능력이다.

낯선 곳으로 휴가를 떠나 색다른 풍경과 냄새, 문화를 접하면 새로운 활력이 생긴다. 더 다채롭고 흥미로운 환경은 자존감을 높여줄 수 있다. 부당하게도 쥐를 대상으로 한 실험 결과에 따르면, 익숙한 환경에 갇혀 있는 불쌍한 쥐들보다 호기심을 자극하는 환경에 있는 쥐들이 독극물의 영향을 더 잘 견딘다고 한다. 인간을 대상으로 같은 실험을 반복할 수는 없지만, 이 실험은 우리가 느끼는 감정이 신체에도 영향을 미칠 수 있다는 점을 보여준다. 그리고 외국으로 휴가를 떠나는 것만 환경의 변화가 아니다. 우리는 우리에게 영향을 주는 사람들을 통해, 그리고 어떤 글을 읽고 어떤 이야기를 받아들이고 어떤 방식으로 자신과 대화하는지를 통해 내면의 환경을 만든다. 외부 환경을 통제할 힘이 없을 때도(빅터 프랭클을 기억하는가?) 우리에게는 대개 정신을 자신에게 유리한 쪽이나 해로운 쪽으로 사용할 자유가 있다.

사람들이 보내오는 사연들에는 불안하고 초조하거나 불만

족스러운 감정이 드러나는 경우가 많은데, 이것은 변화가 일어
나고 있거나 일어나야 한다는 신호일 수 있다. 아니면 어떤 일
이든 끝까지 해내지 못하는 오래된 행동 패턴을 나타내는 것일
수도 있다. 이 내용은 뒤에서 다뤄보겠다. 열정과 설렘을 모두
잃어버렸다고 말하는 다음 사연자에게는 변화의 가능성이 도
움이 될지도 모른다.

　　저는 서른일곱 살이고 다정한 남편과 멋진 아이가 있으며 문
　　화산업 분야에서 일하고 있습니다. 문제는 제가 하는 일에서
　　만족을 느끼지 못한 지 오래고 매우 정체되어 있다는 느낌을
　　받는다는 것입니다. 때로는 제 인생을 어떻게 해야 할지 도무
　　지 모르겠다는 생각에 눈물이 터져 나오기도 합니다. 학창 시
　　절에는 성취욕이 강한 학생이었는데(공부를 열심히 해서 좋은 성
　　적을 받고 명문대에 진학했습니다) 지금은 성장할 기회가 거의 없
　　는 역할을 맡고 있고, 이 일을 계속하고 싶은지조차 확신이 들
　　지 않습니다.
　　　요즘 깨닫고 있는 것인데, 너무 오랫동안 사람들이 저에게
　　기대하는 일을 해내려고 노력하다 보니 정작 제가 무엇을 하
　　고 싶은지는 전혀 모르는 사람이 되어버린 것 같아요. 20대 때

얼마나 많이 참고 견뎠는지 생각하면 진저리가 나기도 합니다. 데이트할 때는 사실 별로 마음에 들지 않으면서도 사람들이 괜찮다고 하는 남자들을 만났고, 회사에서는 좋은 고과를 기대하며 온갖 잔업을 떠맡았는데도 승진을 거의 하지 못했습니다.

이제라도 이런 행동 패턴을 인지했으니 그나마 다행이지만, 너무 늦은 것은 아닌지 겁이 납니다. 요즘 이곳저곳에 지원서를 내고 있는데 마흔을 바라보는 아이 엄마를 원하는 회사는 많지 않네요. 그리고 말씀드렸듯 이 분야에서 계속 일하고 싶은지도 확신이 서지 않습니다. 제발 도와주세요.

우리는 대개 어린 시절부터 부모님이나 문화의 영향을 받아 인생을 어떻게 살아야 하는지 알려주는 일련의 견고한 지침들을 받아들인다. 학교 공부를 열심히 해야 하고, 대학교에 가야 하고, 경쟁력 있는 분야에서 일해야 하고, 정상까지 올라가야 한다는 등의 외부에서 주입된 온갖 메시지를 내면화하고 당연시한다. 다수에게는 이 길이 맞는 길일 수 있으나, 모두에게 맞는 길은 절대 아니다. 무언가가 또는 누군가가 어떤 식으로든 인생의 운전대를 훔쳐 갔으니, 이제 사연자가 할 일은 운전대를 되찾아오는 것이다.

　사연자가 불만을 느끼는 이유는 언제까지 어떤 과업을 달성해야 한다는 연도와 이정표로 이루어진 일종의 보드게임을 염두에 두고 있기 때문이다. 지금까지 사연자는 직업에 관한 한 현재의 만족감보다는 옳은 일을 하는 것처럼 보이거나 이력서상으로 좋아 보이는 일을 하는 데 집중했다. 나는 책임이 막중한 전문직에 종사하는 사람 중에 사실은 강아지 돌봄 센터 같은 곳에서 일하고 싶어 하는 사람이 얼마나 많을지 궁금하다. 어쩌면 우리는 경제적 이유 때문만이 아니라 사람들이 어떻게 생각할지 걱정스러워서 만족스럽지 않은 일을 하고 있는지도 모른다. 내면화한 '의무'에 근거해서 우리에게 기대되는 일을 하는 것이다. 우리는 이런 도움이 되지 않는 태도에 빠지기 쉽다.

　우리는 자신이 원하는 것과 필요로 하는 것, 그리고 해야 하는 것을 남의 말을 듣고 결정하는 습관이 있다. 특히 사고가 매우 경직되어 있고 새로운 사람을 경계하며 곁을 주었다가도 얼마 못 가 벽을 쌓는 사람들을 보면 오랫동안 지켜온 신념이나 애초에 그런 신념을 주입한 사람들에게만 계속 귀 기울이는 것을 알 수 있다. 인생의 방향을 바꾸는 일이 불가능하지는 않지만, 이렇게 해서는 어려울 수밖에 없다. 사연자가 어린 시절의 경험이 주고 있는 영향에서 좀 더 벗어나 지금 여기에 더 집중할 수 있다면 어떤 일이 일어날까?

현재 상황이 불만족스럽지만 무엇을 바꾸고 싶은지 갈피를 잡지 못하겠다면, 당장 알아야 한다고 부담을 느끼는 대신 다음 연습을 해보자. '몰입과 흥미'라는 말을 들으면 무엇이 떠오르는가? 이번에는 '보람'이나 '성취감'이라는 단어를 생각해보자. 무엇이 떠오르는가? 이 단어들을 옮겨 적고 생각해보며 무엇이 떠오르는지 살펴보자. 명상을 통한 일종의 브레인스토밍이라고 생각하고 어떤 아이디어도 거부하지 말자. 그렇지 않으면 다른 아이디어가 겁을 먹고 도망갈지도 모른다. 서두르지 말고 떠오르는 이미지나 단어를 기록해보자. 그런 다음 기록한 내용을 다시 살펴보며 무엇이 마음에 와닿는지 확인한다. 꿈을 기록한 뒤 꿈속에서 어떤 감정과 이미지가 반복되는지 살펴보는 것도 좋은 방법이다. 꿈은 우리에게 무엇이 필요한지 파악하는 데 도움이 되는 유용한 비유를 제공할 수 있다. 이 연습을 할 때는 자신의 감정에 귀 기울이는 것이 중요하다. 그래야 인생을 최대한 활용하는 데 도움이 될 변화를 실행할 마음이 생길 수 있다. 느낄 수 없다면 내가 무엇을 원하는지 아는 것은 불가능하다. 내가 무엇을 원하는지 모른다면 어떻게 그것을 목표로 삼을 수 있겠는가?

✳ **일상의 지혜** ✳

인생에서 어떤 방향으로 나아가야 할지 알려면 내가 느끼는 감정을 파악해야 한다. 감정을 이해하면 내가 무엇을 원하는지 파악할 수 있고, 내가 무엇을 원하는지 알면 그것을 추구할 수 있다.

갈림길에 서면 잘못된 선택을 할까 봐 얼어붙을 때가 있다. 결정을 내리지 않으면 실수를 피할 수 있을 것 같은 기분이 들기도 한다. 하지만 결정을 내리지 않는 것도 선택이며, 다른 선택과 마찬가지로 잘못된 선택이 될 수 있다. 그 선택이 옳았는지는 시간이 지난 뒤에야 알 수 있으며 미리 알 수 있는 사람은 아무도 없다. 실수와 실패는 성장을 위해 꼭 필요하다. 심리치료사들이 실수와 실패를 '그놈의 빌어먹을 배움의 기회'라고 부르곤 하는 데는 다 이유가 있다.

인생에서 무척 불안한 시간을 보내던 때가 떠오른다. 당시 법률사무원으로 일하던 직장을 그만두고 예술대학교에 무작정 들어갔었다. 내가 바랐던 것은 나에게 필요한 활력을 불어넣어줄 창의적인 부류의 사람들을 만나는 것이었지만, 오히려 내가 떠나온 법조계 사람들이 예대 학생들보다 더 박식하고 사려 깊고 흥미롭다는 것을 깨닫게 됐다. 나는 나에게 맞는 공부와 사람을 찾기 위해 야간 수업으로 범위를 넓혔다. 영화감상 수업에 등록한 것은 나를 바꿔놓지 않았다. 하지만 문예창작 수업에 등록한 것은 지대한 영향을 미쳤다.

결국 내가 작가이자 저널리스트이자 방송인이 된 것을 보면 그 수업이 효과가 있었던 것이 틀림없다. 이 책을 포함한 여러 권의 책도 그때 배운 글쓰기에서 시작됐다. 들어봤는데 별로 도움이 되지 않았던 다른 수업은 전부 잊어버리는 편이기는 하지만, 맞지 않는 수업이 많았는데도 맞는 수업을 찾는 일을 포기하지 않아서 정말 다행이라는 생각이 든다. 너무 일찍 포기하는 것은 매우 쉬운 일이다. 나는 영감을 주는 수업을 찾을 때까지 계속 도전했고, 그러면서 함께하고 싶은 동반자를 찾는 일도 멈추지 않았다.

무슨 일이든 여섯 번쯤 시도했는데 여섯 번의 경험이 모두 좋지 않았다면(입사 면접이나 온라인 데이트를 떠올려보라) '못 하겠어, 이건 나와 맞지 않는 일이 분명해'라는 생각이 드는 것도 당연하다. 하지만 이런 사고방식을 바꾸면 도움이 될지도 모른다. 영업 전화를 50번 돌리면 판매로 이어지는 경우가 한 건이라고 할 때, 성공적인 영업 사원들의 비결은 영업에 실패할수록 판매에 가까워진다고 생각하는 것이라고 한다. 그러면 시간이 갈수록 더 신이 나고 더 열의를 보이게 되어 성공할 가능성이 커진다. 올해의 영업 사원이라면 누구나 말해주겠지만, 그들은 실제로 성공한다. 비관적인 생각은 줄이고 좀 더 영업 사원처럼 행동해보자.

사람 일이 어떻게 풀릴지는 절대 알 수 없다. 그러니 충분히 시도하며 새로운 것을 발견해 나간다면 삶이 하나의 크고 신나는 모험이 되리라는 조언을 드리고 싶다. 언제든지 새로운 사업을 시작할 수도 있고, 업종이나 직종을 바꾸기 위해 재훈련을 받을 수도 있으며, 여유가 된다면 잠시 쉬면서 마음에 드는 다른 일을 찾아볼 수도 있으니 좋지 않은가. 내 지인 중에는 여든 살의 나이에 문화산업 분야에서 새로운 사업체를 공동으로 설립한 사람도 있으니, 당신이 특정한 나이에 특정한 이정표에 도달하지 못했다고 해서 실패했다고는 생각하지 않는다. 인생에 그렇게 접근할 필요는 없다. 그 길에서 빠져나와 다른 길을 찾아라.

> ✳ **일상의 지혜** ✳
>
> 새로운 일을 시도하는 것을 너무 비관적으로 생각하지 말자. 시
> 도한 일이 잘 풀리지 않더라도 원하는 목표에 한 걸음 더 가까워
> 져 있을 것이다.

나는 자신을 불행하게 하거나 타성에 빠지게 하는 곳에 머무
는 것이야말로 가장 위험한 일이라고 생각한다. 하지만 당신이
직장이나 애인, 거처를 2주마다 한 번씩 바꾸는 사람이라면 당
신이 해야 할 새로운 경험은 한번 시작한 것을 계속할 때 무엇
을 배울 수 있는지 알아내는 일이 될 것이다. 모든 사람에게 맞
는 방법은 없지만, 대개 도움이 되는 방법은 '내가 두려워하는
것이 무엇인지', '두려움이 나를 어떻게 방해하고 있는지' 자문
해보는 것이다. 두려움이 드는데도 행동에 나선다면 어떤 일이
일어날까? 변화의 순간을 두려운 미지의 대상이 아닌 자신의
욕망을 발견하고 추구할 기회로 받아들이자. 처음에는 바닥이
어디인지도 모르면서 잡은 밧줄을 놓아버리는 느낌이 들어 무
서울 수 있다. 하지만 단단한 지면은 대개 발을 뻗으면 바로 닿
을 거리에 있다.

오래된 습관을
바꾸는 법

심리치료 일을 하다 보면 내담자가 늦는 경우가 종종 있다. 이들은 "전철이 연착돼서요, 정말 죄송합니다" 같은 말과 함께 숨을 헐떡이며 문을 열고 들어선다. 이런 경우가 한 번이면 대수롭지 않게 여기는데, 매번 늦는 사람들이 있다. 약속 시간을 겨우 5분, 10분 어기더라도 정시에 오는 법이 없다. 그러면 나는 이 내담자가 왜 이런 행동 패턴을 보이는지, 지각이 이 사람에게 어떤 의미이며 어떤 도움이 되는지 궁금하다.

　습관적으로 늦는 사람들이 시간을 지키지 않는 이유는 아마도 그 수만큼이나 많을 것이다. 한 내담자는 어린 시절 어머니가 화장실에 늘 너무 오래 있는 바람에 학교에 지각했던 기억이 있다고 했다. 어머니는 좀 늦어도 상관없다며 일찍 오는 사람들은 어차피 꽉 막힌 사람들이라고 말했다. 그의 무의식 속에서 시간을 잘 지키는 것은 어머니를 배신하는 것과 혼동되며 나쁜 것으로 인식됐다. 이런 서사를 발견한 그는 늦어야 한다는 강박에서 벗어날 수 있었다. 아니면 약속 시간 전까지 처리할 수 있는 일의 양과 약속 장소까지 걸리는 시간을 지나치게 낙관적으로 판단하는 것일 수도 있다. 예를 들어 사무실 근처에서 점심 약속이 있다고 할 때 식당이 가깝다면 특히 더 그렇다. 내 책을 담당하는 편집자와 나는 그의 사무실 옆 건물에 있는 카페에서 점심을 종종 같이 먹는데, 그는 약속 시간인 1시에 사무실에서 나오기 때문에 늘 7분씩 늦는다. 자기에게 순간이동 장치가 있다고 믿는 모양이지만, 로비에서 동료를 만나 담소를 나누고 엘리베이터를 기다리다 보면 그 정도 시간이 지난 뒤다.

어떤 사람들은 자신이 시간을 잘 못 지킨다는 사실을 인정하고 어쩔 수 없는 일이라고 받아들이는 편을 택한다. 우리는 종종 자신에게 '내가 그렇지 뭐', '내가 바꿀 수 있는 일이 아니야' 같은 패배주의적인 말을 하지만, 이런 핑계를 알아채고 그래도 시도해보기로 결심할 수 있다. 성인이 됐다고 해서 발달이 멈추는 것은 아니다. 뇌는 가소성plasticity이 있으므로 우리는 변화할 수 있다. 내가 평소에 하는 행동을 알아차리고, 원래 보였을 반응을 자제하고, 다른 방식으로 대응하려고 노력하며 새로운 습관을 기른다면 뇌를 변화시킬 수 있다.

뇌에 고속도로가 뚫려 있다고 생각해보자. 이 고속도로는 상황에 대응하는 기존의 방식이다. 반면 새로운 습관이나 행동은 정글에서 마체테로 지도에 없는 길을 내며 밀림을 헤쳐나가는 것과 같다. 기존의 방식은 늘 해왔던 대로 자동으로 움직이면 되는 쉽고 편안한 길이다. 하지만 새로운 방식은 자신이 어디로 가고 있고 무엇을 하고 있는지 생각해야 하는 만큼 노력과 힘이 드는 고된 길이다. 시간 엄수에 관한 앞의 사례로 돌아가자면, 지각이 잦은 사람은 시간을 지키기로 결심할 때에야 비로소 변화한다. 이 결심은 의식적이어야만 한다. 시간을 지켜보겠다고 건성으로 '노력'할 뿐이라면 달라질 것은 없다. 뇌는 고속도로로 되돌아갈 것이고 지각은 계속될 것이다.

에너지가 다른 곳에 쓰이고 있으면 쉽고 익숙한 길로 돌아가기 마련이므로, 스트레스나 압박감을 받을 때 고속도로로 되돌아가지 않도록 주의하자. 특히 부모들이 이런 일을 많이 겪는다. 절대로 부모님처럼 행동하지 않겠다고 굳게 다짐하지만, 스트레스를 받으면 결국 자라온 방식으로 돌아가는 자신을 발견하곤 한다.

특정 습관을 고치고 싶어 하는 사람의 또 다른 예로 직장에서 남 이야기를 멈추기 어렵다는 여성의 사연을 살펴보자.

주변 사람들에 관한 험담과 불평을 도저히 멈출 수 없어요. 주로 회사에서 일어나는 일이고, 저만 그런 것은 아닙니다. 남 욕하는 것이 일상인 해로운 환경이라 영향을 안 받기 어려워요. 다른 사람을 흉보지 않겠다고 날마다 다짐해도 매번 남 이야기에 말려들거나 못된 말을 하고 맙니다. 이런 제 성격이 가장 마음에 안 들고, 이제는 제가 친구를 사귈 자격이 없는 나쁜 사람이라는 생각도 내심 들어요. 예전에는 솔직하고 자기주장을 굽히지 않고 거침없이 말할 줄 아는 성격이 자랑스러웠는데, 이제는 신랄하고 투덜대고 충동적으로 뒷말을 하는 쪽으로 균형이 기울어버렸어요. 최악인 것은 누군가를 욕하면서도 마음속으로는 그 사람을 나쁘게 생각하고 있지 않아서 제가 왜 그런 끔찍한 말을 하는지 당혹스럽다는 것입니다.

지난 몇 년 동안 술도 끊고 상담도 받으며 열심히 노력했는데도 더 나은 사람으로 발전하지 못했다는 것이 부끄러워요. 다른 사람을 깎아내리며 쾌감을 느끼는 속 좁은 사람이 되고 싶지는 않아요. 저는 더 긍정적이고 마음이 열려 있고 사람들과 있을 때 자기 생각과 감정을 통제할 수 있는 사람들을 정말 존중하고 존경합니다. 어떻게 하면 그런 사람이 되어 제 안의 지독한 면과 영원히 작별할 수 있을까요?

사연자는 자신의 문제를 인식하고 명확하게 설명하는 것으로 이미 변화의 길에 들어섰다. 험담을 그만둔다는 것은 어려운 일이며, 자신감을 느끼지 못하는 환경에서는 특히 더 그렇다. 험담은 두 사람이 모두 어떤 면에서든 나쁘다고 생각하는 제3의 인물이 있을 때 상대와 유대감을 형성하는 편리한 방법이다. 미국 사교계 명사이자 재담가였던 앨리스 루스벨트 롱워스도 "좋은 말을 할 것이 아니라면…내 곁으로 와서 앉으라"라고 말하지 않았는가*. 험담은 접착제 같은 역할을 한다. 서로 친근감을 느끼는 사람들 사이를 오가며 그들 사이에 신뢰가 있다는 신호로 작용할 수 있다. 남 이야기를 하다 보면 스트레스가 풀리면서 사람들 사이에 흐르던 긴장감이나 적대감도 누그러질 수 있다. 하지만 부정적 측면도 있다. 누군가에 관해 좋지 않은 소문을 들으면 그 사람에 관한 생각이 바뀔 수 있으므로 부당하고 가혹한 일이 될 수 있다. 자기가 뒷말의 대상이 되는 것도 유쾌하지 않기는 마찬가지다. 당연히 더 직접적으로 소통하는 요령 있는 방법을 찾는 편이 모두에게 더 좋을 수 있다.

새로운 일을 시도할 때는 상반된 마음이 드는 것이 당연하다. 때로는 얻게 될 이득이 크면 그만큼 두려움도 커지는 것처

---

* "좋은 말을 할 것이 아니라면 차라리 아무 말도 하지 마라"라는 격언을 비튼 표현이다.

럼 느껴진다. 버스를 잡으려고 뛰어본 적밖에 없는데 마라톤을 뛴다거나, 팬데믹 기간을 와인 잔을 벗 삼아 보내다가 술을 완전히 끊는다고 생각해보라. 유익한 변화를 받아들이기가 이렇게 어렵다니 이상한 일이다. 도파민은 나쁜 습관을 강화하고, 우리는 도파민을 또 맛보려고 자신에게 늘 해왔던 변명을 늘어놓는다. 사연자도 험담을 그만두려고 노력하며 이런 경험을 하고 있을지도 모른다.

하지만 긍정적인 변화가 대단한 것일 필요는 없다. 다른 품종의 식물을 키우기로 하거나 새로운 단어를 매일 하나씩 배우는 것처럼 아주 작고 사소한 변화일 수도 있다. 나는 사연자에게 '나' 화법으로 말하는 습관을 들여보라고 권하고 싶다. "그 사람은 짜증 나"라고 말하는 대신 "나는 짜증 나"라고 바꿔 말하며 자신의 반응에 책임을 지고, 누군가가 거슬린다고 해서 그 사람에게 문제가 있는 것은 아니라는 점을 깨닫기를 바란다. 이 습관은 상대를 탓하는 대신 자신의 대응에 책임을 지는 데 도움이 될 것이다. 가장 친한 직장 동료에게 불평을 늘어놓는 것만큼 재밌지는 않겠지만 더 유익할 수 있다. 일상이나 관점을 아주 조금만 바꿔도 우리가 느끼는 안녕감에 큰 영향을 미칠 수 있다.

그리고 사연자는 험담한 것을 너무 자책하고 있다. 사연자는 이미 자신의 문제를 분명하게 표현할 수 있고 남 이야기를 하면 스스로 알아차리는 단계에 있으므로 올바른 방향으로 가고 있다. 미국의 가수이자 배우였던 포샤 넬슨이 쓴 〈다섯 장으로 된 짧은 자서전An Autobiography in Five Chapters〉이라는 시가 떠오른다. 시 속 화자는 길을 걷다가 구덩이에 빠진다. 처음에 구덩이에 빠진 것은 화자의 잘못이 아니다. 그다음에 구덩이를 발견했을 때는 빠질 것을 직감하고 실제로 빠지는데, 이것 역시 화자의 잘못이 아니다. 다음에는 구덩이가 있다는 것을 미리 알아차렸는데도 또다시 빠지고 만다. 이것은 화자의 잘못이다. 구덩이를 다시 만난 화자는 이제 구덩이를 돌아서 지나간다. 그리고 나중에는 완전히 다른 길로 걸어간다. 이 시는 새로운 습관을 들이려고 할 때 자신을 너무 몰아붙이지 말아야 한다는 것을 비유적으로 보여준다. 행동을 바꾸려면 시간이 걸린다. 그러니 나쁜 습관에 빠지고 싶은 유혹이 들면 자책하는 대신 '아하! 이건 내가 이제 더는 하고 싶지 않은 행동이구나!'라고 알아차리고 그런 자신을 칭찬해주자. 판단은 전부 미뤄놓고 나에게 호기심을 가져보자. 내가 발전하는 모습과 유혹이 들 때를 알아보고 유혹에 따라 행동하지 않을 때면 나에게 하이파이브를 해주자.

오래된 습관을 바꾸거나 새로운 일을 시도해볼 준비가 됐다면 다음과 같은 방법을 추천하고 싶다. 먼저 커다란 백지를 한 장 놓고 가운데에 원을 하나 그린 다음 그 안에 아주 편안한 마음으로 할 수 있는 활동의 예를 적어보자. 나라면 짧은 산책 같은 활동을 적을 것이다. 원 바깥쪽에는 하려면 할 수는 있지만 자신을 약간 다그쳐야 하는 활동의 예를 적어본다. 이를테면 역사적 건축물이나 야트막한 산을 꼭대기까지 오르는 것이 있겠다. 이제 원 바깥에 더 큰 원을 그려보자. 그 바깥쪽에는 하고는 싶지만 다소 두렵게 느껴지는 활동을 적는다. 일주일간 도보 여행하기, 신사업 아이디어 제안하기, 자선단체 설립하기 같은 활동이 있을 수 있다. 이 원들 바깥으로 원을 하나 더 그려본다. 이번에는 너무 두려워서 시도할 엄두가 나지 않지만 마음속으로 품고 있는 꿈을 적어보자. 공직에 출마하는 것도 예가 될 수 있다. 원하는 만큼 원을 많이 만들어본다.

시간이 지나면 가장 안쪽 원의 바로 바깥쪽에 있는 활동들이 평범한 일이 되면서 안전지대가 넓어진다. 나에게는 바깥쪽 원에 있는 활동이 다른 사람에게는 안쪽 원에 있을 수도 있지만, 내가 시도하는 모든 일은 나 자신만을 위한 것이라는 점을 기억해야 한다. 다른 사람이 어떻게 생각할지는 중요하지 않다. 새로운 일을 시도해보고, 그렇게 했는데 더 고무되고, 더 연결되고, 더 살아 있는 기분이 들지 않으면 밑져야 본전이니 그때 가서 그만두면 된다. 중요한 것은 안전지대를 조금씩 단계적으로 넓혀가는 것이다. 내 경험상 때때로 자신의 한계를 시험하지 않으면 안전지대는 줄어들 수 있다.

가장 중요하게 기억할 점은 변화에는 연습이 필요하다는 것이다. 처음에는 익숙하지 않아서 잘못됐다는 느낌이 들 수도 있다. 우리는 익숙함을 진리로 착각하니 말이다. 익숙하고 편안한 것은 우리에게 해가 되더라도 옳은 것처럼 느껴진다. 그러니 계속해서 밀림을 헤치며 새로운 길을 밟아나가자. 걸으면 걸을수록 더 자연스럽게 느껴질 것이며, 나중에는 고속도로처럼 자동으로 이 길을 찾게 될 것이다.

변화에는
상실이 따른다

우리가 스스로 이끄는 변화는 바람직하지만, 그다지 원치 않았던 변화가 들이닥칠 때도 있다. 이럴 때는 어떻게 대처해야 할까? 중요한 것은 변화에는 대개 상실이 따르며, 마음의 준비가 되어 있지 않았다면 특히 더 그럴 수 있다는 점을 인정하는 것이다. 관계가 변화하면(예를 들어 연인이 동반자가 되거나, 친구가 지인이 되거나, 양육자가 돌봄의 대상이 되면) 예전 생활 방식이 됐든 예전 관계나 자신이 그 관계 속에서 보였던 모습이 됐든 애도해야 할 상실의 대상이 생기기 마련이다.

설사 변화를 예상하고 수용한다고 해도 내면에는 좀처럼 채워지지 않는 공허감이 생길 수 있다. 자녀와 처음으로 분리되는 경험을 하는 부모가 흔한 예다. 청소년기에 접어든 아이가 자신을 거부하거나 반항하면, 혹은 함께 어울리고 싶지 않다고 예의 있게 말하거나 제안이나 애정 어린 조언을 거절하기만 해도 부모는 마음이 상할 수 있다. 이런 행동을 아이가 자아를 형성해가는 과정의 한 부분으로 바라볼 수 있다면 마음이 덜 괴로울 것이다.

이별이 사별처럼 느껴질 수 있는 것도 같은 이유에서다. 연인과 헤어진 사람은 상실을 경험한다. 상대를 그리워하고 그 시절의 제 모습을 그리워한다. 앞으로 어떻게 살아가야 할지 걱정스럽기도 하고 이런 걱정을 해야 한다는 것이 억울하기도 하다. 헤어지지 않았더라면 새로운 상황에 적응할 필요도 없었을

것이기 때문이다. 익숙한 시절을 떠나보내고 알 수 없는 곳으로
발을 내딛다 보면 두려운 마음이 들지도 모른다. 이런저런 걱정
이 다음과 같은 더 철학적인 질문들로 이어질 수도 있다. '혼자
가 된 지금의 나는 어떤 사람일까?', '이별은 나라는 사람의 정
체성을 어떻게 바꿨을까?' 나는 불임 치료를 받던 도중에 관계
가 틀어져 버렸다는 30대 중반 여성의 사연을 읽으며 이 질문들
을 떠올렸다.

정말 깊이 사랑했고 함께 늙어갈 사람이라고 생각했던 애인과
10년을 함께했습니다. 저희는 얼마 전부터 기증받은 정자를
자궁에 주입하는 인공수정 시술을 준비하기 시작했는데(저희
는 레즈비언입니다), 1차 시술을 받기 이틀 전에 애인이 저를 떠
났습니다. 알고 보니 저도 아는 친구와 바람을 피우고 있었더
군요. 애인은 돌아와서 애정과 친밀감을 회복하려고 노력하는
가 싶더니 얼마 지나지 않아 다시 떠났습니다.

저는 애인과 함께 가던 병원에 3주째 혼자 다니고 있습니
다. 너무 슬프고, 우리의 아이가 될 줄 알았던 아기에 관한 생
각을 놓아버릴 수 없을 것 같아요. 게다가 레즈비언의 불임 치
료에 관해서는 사회적 '담론'이 딱히 없다 보니 마땅한 언어가

없는 것처럼 느껴져서 저에게 일어난 일에 이름을 붙이는 것
조차 어렵습니다. 바람을 피우는 것이 더 큰 문제의 징후라는
것도 알고, 저희 관계가 무너진 것에 저도 책임이 있다는 것을
인정하고 싶어요. 애인이 사실 자기는 아이를 원하지 않았다
고 말하면서 저희 사이의 소통은 완전히 무너진 상태입니다.

이제 와서 깨닫는 것이지만 아이 계획을 세우던 2년 동안
(저희는 아이 이름과 학교, 살 곳을 정하고, 돈을 모으고, 둘째는 언제
어떻게 가질지 이야기를 나눴습니다) 애인은 서서히 마음이 떠났
고, 저는 말을 걸려고 하면 벽을 치는 애인에게 화가 나서 부
정적인 소통이라도 좋으니 어떤 형태의 소통이라도 하고 싶어
했던 것 같습니다.

이 모든 상황을 도대체 어떻게 처리하고 받아들여야 할까
요? 어떻게 하면 훌훌 털어버리고 괜찮아질 수 있을까요? 제
가 실패자이고 단단히 잘못된 사람이라는 생각을 떨칠 수 없
습니다. 이성적인 생각이 아니라는 것은 알지만 너무 혼란스
러워요. 엄마가 되는 것을 혼자서 계속 시도해야 할지도 확신
이 서지 않습니다. 저 하나로 아이에게 충분할까요? 정말 너무
힘이 듭니다. 그리고 너무 외로워요.

　누군가가 떠나가면 그 사람과 함께했던 시절의 나와 그 사람과 그렸던 미래 또한 잃어버린 느낌을 받을 수 있다. 그 빈자리는 쓰라린 상처처럼 느껴질 수 있다. 사연자가 엄청난 충격에 빠져 있는 것도 당연하다. 사연자는 반려자를 잃었고, 반려자와 함께 아이를 키우고 싶다는 꿈도 잃었다. 사연자가 꿈꿨던 아이와 아이가 자라나서 되었을 사람도 사연자를 떠났다. 꿈꿨던 것이 아이든, 새 집이든, 새로운 관계든, 외국 생활이든 간에 꿈이 실현되지 않았을 때는 거쳐야 하는 애도기가 있다. 손에 잡힐 듯하던 꿈을 빼앗겼을 때 드는 감정은 중요한 사람을 잃었을 때 드는 감정과 상당 부분 비슷할 것이다. 사랑하는 사람의 죽음을 애도할 때 그렇듯 애도의 과정을 서두를 수는 없지만, 시간이 지나면서 상처는 치유되거나, 익숙해지거나, 성장의 밑거름이 되며 마음 뒤편으로 점점 밀려나게 될 것이다.

　사람들이 보내오는 사연을 보면, 이별을 비롯해 예상치 못했고 원치도 않았던 인생의 변화를 어떻게 헤쳐나가면 좋을지 묻는 내용이 많다. 내가 드릴 수 있는 가장 큰 조언은 꼭지를 틀어 감정을 내보내라는 것이다. 그렇지 않으면 해소되지 못한 감정이 쌓여갈 것이다. 이런 감정은 집착으로 변해 삶의 모든 면에 영향을 줄 수 있다. 집착 단계에 갇혀 있다고 느낀다면 감정을 언제 어디서 표출할지 통제하는 것으로써 이 단계를 넘어설 수 있다. 방법은 시간표를 짜는 것이다. 매일 30분 동안 같은 시간에 울고, 분노하고, 애도하라. 사실 이 시간이 되면 내키지 않더라도 슬퍼하고 애도해야 한다. 예전의 삶이 어땠는지 회상하라. 추억하기 위한 공간을 만들고, 촛불을 켜고, 울고, 보내지 않을 연애편지를 쓸 수도 있지만, 무엇이 됐든 하루에 30분을 넘기지 말고 정해진 시간에만 해야 한다. 알람을 맞춰놓고 시간을 정확히 지켜라. 이렇게 하면 감정을 느끼고 처리하는 동시에 통제할 수 있게 된다. 결심과 의지가 필요한 일이지만, 다른 기술과 마찬가지로 연습할수록 나아질 것이다. 때로는 친구나 가족에게 우는 동안 안아달라고 부탁할 수도 있다. 하지만 이때도 타이머를 맞추는 것을 잊지 말자.

＊ 일상의 지혜 ＊

타이머를 맞춰놓고 집착하라는 말이 이상하게 들릴 수도 있지만, 이렇게 하면 생각에 지배당하는 대신 생각을 통제하는 법을 배울 수 있다.

유방암의 위험을 줄이기 위해 수술을 받으려고 계획하고 있
는 이 젊은 여성에게도 같은 조언을 드리고 싶다.

저는 스물여섯 살 여성이며 5년 전 브라카BRCA, Breast Cancer
Susceptibility 유전자 변이 검사에서 양성 판정을 받았습니다. 너
무 전문적인 이야기는 빼고 쉽게 말하자면, 제 몸이 특정 암세
포를 인식하고 맞서 싸울 능력이 없어서 유방암에 걸릴 가능
성이 매우 높다는 뜻이에요.

검사 결과를 확인했을 때 발병 위험을 줄이는 유방 절제술
을 받고 싶게 되리라고 확신했고, 직업도 관계도 안정된 시기
에 이르면서 이제 준비가 됐다는 생각이 들었습니다. 의사들
은 수술을 받든 안 받든 기대 수명은 같다고 말해주었지만(수
술을 받지 않으면 암에 걸릴 가능성이 매우 높지만, 정기 검진을 받기
시작할 테니 암을 조기에 발견할 가능성도 매우 높다는 말이었습니다)
수술이 저에게 맞는 선택지라는 것을 알아요. 언젠가 양성 판
정을 받게 되리라는 것을 알면서 매년 유방암 검진을 받고 싶
지는 않습니다. 차라리 지금 수술받고 편안한 마음으로 살고
싶어요.

저희 엄마는 유방암으로 오랫동안 치료를 받다가 돌아가셨

고, 제가 브라카 유전자 변이 검사 결과를 받았을 때 함께 계셨습니다(엄마도 양성이셨어요). 엄마가 무척 자책하며 속상해하셨던 기억이 나는데, 저는 괜찮았어요. 옛날에야 사형 선고와 같은 일이었겠지만, 지금 저에게는 아주 많은 선택지가 있고 엄마에게는 전혀 주어지지 않았던 선택지도 있는 만큼 진단을 받아서 천만다행이라고 느꼈습니다. 이제 저도 어른이니 수술도 어른으로서 해야 하는 일 중 하나에 불과하고 미리 계획을 세울 수 있는 한 괜찮을 거라고 생각했어요. 제 가슴은 작기도 하고 자아상에서 중요한 부분이 아니라서 별로 아쉬울 것 같지도 않았고요.

그런데 막상 수술 날짜가 다가오니 겁에 질리고 부담감이 느껴질 때가 많습니다. 다른 일에 집중하기가 어렵지만, 그렇다고 해서 계속 이 이야기를 하며 친구들이나 가족을 괴롭히고 싶지는 않아요. 수술이 제가 원하는 것이라는 것도 알고 지금이 적기라는 것도 아는데, 왜 이런 기분이 들까요?

우리는 가까운 사람을 잃었을 때 애도에 대해 생각한다. 부모나 배우자, 애인, 반려동물, 친구를 잃으면 주변에서는 다들 우리가 슬퍼하거나, 화를 내거나, 혼란스러워하거나, 부정하거나, 한동안 그저 무감각한 상태로 지내리라고 짐작한다. 애도의 여정이 우리를 어디로 데려가든 말이다. 힘든 여정이기는 하나, 자신에게 애도를 허용하지 않으면 마음의 평정을 회복하지 못한다는 것을 우리는 알고 있다. 상실을 넘어서는 유일한 방법은 상실을 지나가는 것이다.

하지만 상실의 대상이 우리와 유대감을 형성했던 사람이 아닐 때는 이해하기가 훨씬 어렵다. 대개는 누구도 이런 상실에 주목하거나 이름을 붙이지 않으며 애도 작업이 필요할 수 있다고 생각하지도 못한다. 사연자가 경험하고 있는 것은 어머니를 잃은 뒤로 또 한 번 겪게 된 상실, 즉 여성성의 한 부분인 가슴과 온전하고 상처 없는 몸의 상실이다.

사연자는 수술을 하면 발병 확률이 현저히 줄어든다는 사실에 감사하고 있지만, 감사한 마음이 들면서도 슬프고 겁에 질릴 수 있다. 어머니를 죽게 만든 바로 그 신체 부위 때문에 온갖 정밀 검사를 받고 있는데 어떻게 겁에 질리지 않을 수 있을까? 현재는 건강한 조직을 수술로 절제한다는데 어떻게 불안한 마음이 들지 않을 수 있겠는가?

힘든 감정은 안 그래도 이야기하기 어려운데, 이런 감정이 든다고 자책하면 그때부터는 감정을 다스리는 것이 불가능해진다. 애도의 과정에 필요한 애정 어린 지지를 구하는 대신 적막하고 고통스러운 세상에 자신을 가두고 점점 더 큰 고립감을 느끼게 될지도 모른다. 상실이 내면에서 처리되지 않으면 우리의 세상을 전부 장악하고 다른 모든 것에 어두운 그늘을 드리울 수 있다. 좌절감을 인정하고 마음의 낙차에 이름을 붙이면 감정이 더 격해지고 다루기 어려울 거라 생각할지도 모르지만, 사실은 정반대. 상실에 관해 이야기하는 것은 힘든 감정을 처리하기 시작하는 일이자 치유로 가는 첫걸음이다.

> ### ✳ 일상의 지혜 ✳
>
> 변화의 과정 중 하나는 애도해야 할 부분이 있다는 사실을 받아들이는 것이다. 변화에 감사하면서도 과거의 모습을 애도할 수 있다.

나를 가장 특이하거나, 고립되거나, 외롭다고 느끼게 만드는 것들을 다른 사람과 공유할 때 오히려 가장 큰 유대감을 가져다주는 경우가 많다. 보통 입 밖으로 잘 꺼내지 않는 감정을 어떻게든 말로 표현하고, 내가 느끼는 감정을 진심으로 설명하려 하면 두 가지 일이 일어나기 때문일 것이다. 첫째, 감정을 말로 정리하면서 감정의 실체를 알게 되고 더 깊이 이해할 수 있으며 결국 나 자신에 대해서도 더 잘 이해하게 된다. 둘째, 그 감정을 상대에게 전달할 수 있다면 내가 하는 말은 상대가 자신의 감정을 이해하는 데도 도움이 될 수 있다. 내가 어떻게 생각하고 느끼는지, 내가 어떤 사람인지 상대에게 솔직하게 드러내고 상대가 나를 이해해줄 때 연결은 일어난다. 이런 연결은 마음을 치유한다. 그러니 속내를 털어놓고, 슬퍼하고, 애도하고, 상실을 느끼고, 충격을 이겨내고 다른 몸에 적응할 시간을 자신에게 허용해도 좋다.

나이듦을 받아들이기

아이와 어른이 따로 있다는 생각은 우리가 만들어낸 관념에 불과하다. 성년이 된다고 해서 그냥 저절로 어른이 되지는 않는다. 나는 어린아이처럼 굴던 모습에서 벗어나 훨씬 더 분별 있는 사람, 즉 성인이 되는 기적 같은 변화가 일어나기를 기다리며 10대 후반과 20대를 보냈지만, 그런 일은 일어나지 않았다.

성인으로의 갑작스러운 전환은 일어나지 않지만, 우리는 시간이 지나면서 변화한다. 삶은 우리를 바꿔놓고 어제보다 더 발전한 사람으로 성장시키기도 하며 우리에게 영향을 미친다. 하지만 바뀌는 것은 대개 내용이지 과정이 아니다. 여기서 '내용content'은 이야기를, '과정process'은 행동 패턴을 말한다. 예를 들어 걱정을 많이 하는 사람이 있다면 걱정하는 대상(이야기)은 바뀔 수 있어도 이 사람이 늘 걱정한다는 사실은 바뀌지 않는다. 어릴 때는 나뭇잎이 말라 떨어진다고 걱정하던 아이가 커서는 나뭇잎은 신경 쓰지 않고 크리스마스카드를 누구에게 보낼 것인지 걱정하는, 다른 이야기의 같은 걱정의 감정을 경험할 수 있다. 어른이 된다고 해서 완전히 다른 사람으로 바뀌지는 않는다는 점을 기억하는 것이 중요하다. 내가 느끼는 가장 큰 변화는 피로를 느끼는 시간이 늘어났다는 것이다.

나이듦은 우리 모두 마주해야만 하는 과제이지만, 나이듦을 받아들이고 헤쳐나가는 과정은 어려울 수 있다. 당장 몸에 나타나는 변화를 받아들이는 것도 쉽지 않다. 거동이 불편해지고, 기력을 회복하는 데도 시간이 오래 걸리며, 예전에는 당연하게 여겼던 일을 할 수 없게 될 수도 있다. 이런 변화에 아무리 달관했다고 해도 생각해보면 여기에도 상실이 수반된다. 과거의 모

습을 애도하고 변화에 영향을 받고 있다는 사실을 인정해도 괜
찮다. 인생에서 더 어리고 더 활력이 넘쳤던 시절을 그리워하는
것은 자연스러운 일이다.

우리는 어릴 때부터 청년은 아름답고 노년은 아름답지 않다
고 여기도록 교육받으며, 특히 여성일수록 더 그렇다. 나는 거
울을 들여다보던 엄마가 젊음을 잃은 것을 한탄하며 나에게 "너
야 괜찮지…" 같은 말을 했던 것을 기억한다. 하지만 괜찮지 않
았다. 엄마가 몸을 혐오하고 수치스러워하는 습관을 물려주고
있었기 때문이다. 우리는 매우 젊은 여성의 이미지와 모두가 이
런 외모를 갖추어야 한다는 메시지의 포화 속에서 살고 있다.
이런 고정관념 때문에 젊은 여성이 여성성의 전형이라고 생각
할 수 있지만, 사실은 그렇지 않다.

나이 들어가는 자신의 몸을 받아들이기 힘들어하는 사람의
예로, 자신의 외모에 대해 더 자신감을 가지려면 어떻게 해야
하는지 묻기 위해 나에게 편지를 쓴 여성이 있다.

옷을 벗었을 때 드러나는 밋밋하고 축 처진 중년의 제 몸이 자
꾸 의식되고 혐오감마저 드는데, 어떻게 하면 이런 감정을 덜
느낄 수 있을까요? 이것 때문에 여러 면에서 제약이 많고, 팔

도 그렇지만 특히 다리나 배를 드러내야 하는 활동을 피하게 됩니다. 수영을 정말 좋아하는데도 수영복을 입어야 한다는 것이 두려워요. 관계할 때도 맨몸을 보이는 것이 불편해서 체위에도 제한이 생겼습니다. 처진 뱃살과 가슴이 너무 창피해서 여성 상위 자세는 도저히 못 하겠더라고요.

저는 평소에 많이 걷고 일주일에 몇 번씩 요가나 필라테스 같은 운동을 하러 다니고 있어요. 예순 살이 다 되어가는데도 수업을 잘 따라가는 제 체력에 자부심을 느낀답니다. 식단도 건강하게 챙기고 있어요(생선과 콩류, 과일, 여러 종류의 채소를 충분히 먹습니다). 다만 표준 체중보다 10킬로그램이 더 나가고, 살면서 과체중이 아니었던 때가 거의 없어서 늘 고민이었어요. 연관이 있는 이야기일지도 모르겠는데, 저는 어렸을 때 가슴이 일찍 커져서 사실상 아이에 불과한 나이에도 남자들에게 원치 않는 관심을 받았고 여성적인 몸을 드러내기보다 감춰주는 옷을 골랐던 기억이 있어요.

사람에게 외모가 전부가 아니라는 것을 알고 있고, 제 몸을 부끄러워하는 것이 부끄럽습니다. 저는 제 친구들을 혐오스러운 시선으로 바라보지 않아요. 완벽한 몸매가 아니어도 친구들은 정말 매력적입니다. 그런데 왜 제 자신은 이렇게 보고 있을까요?

나이가 들면 피부는 처지기 마련이지만, 우리는 처진 피부가 아름답지 않다는 생각에 길들어 있다. 탄력 로션과 노화 방지 크림, 유행하는 옷 따위를 팔려는 이들에게 아름다움의 기준을 배워왔기 때문이다. 이들은 스무 살처럼 보이지 않으면 사랑받을 수 없다는 두려움을 주입하는 것을 목표로 자기혐오를 부추기며 더 많은 물건을 사도록 유도하는데, 효과가 있기는 하다. 그러니까 더 많은 물건을 사게 하는 전술이 효과가 있다는 말이고, 물건 자체는 효과가 없다. 우리의 피부와 체지방 분포는 나이에 맞게 유지된다.

주름 종이처럼 자글자글해진 피부를 보다 보면 매끄러운 피부는 좋은 것이고 주름진 피부는 나쁜 것이라고 여기도록 교육받아왔다는 사실을 알 수 있다. 하지만 어떻게 생각할지 선택할 권리는 우리에게 있다. 나이 있는 여성 중에서 가장 매력적인 사람은 가장 날씬한 사람도, 가장 어려 보이는 사람도 아닌 몸가짐에서 자부심이 느껴지고 자신을 감추지 않으며 살이 흔들리든 말든 신경 쓰지 않고 당당하게 웃는 사람이다.

뱃살을 집어넣으려고 숨을 참기보다는 편하게 숨 쉬는 여성들이 진정 매력적이다. 자신감이야말로 매력을 만드는 요소다. 그러니 우리는 자신감을 키우려고 노력해야 한다. 아름답다고 느끼는 비결은 날씬함이나 탄탄함이 아니라 자신감이다.

일반적으로 여성에게 해당하는 이야기이기는 하지만, 남성도 물론 노화에 영향받으며 특히 게이 남성은 외모를 평가하는 시선을 받기 쉽다. 하지만 여성은 문화적으로 남성적 시선^{male gaze}에 늘 시달려왔기 때문에(어떤 외모를 갖춰야 하는지 알려주는 여성 잡지, 길거리에서 낯선 여성을 향해 휘파람을 부는 울프 휘슬링^{wolf whistling}이나 추근대는 말을 던지는 캣콜링^{catcalling}, 버스 정류장이나 클럽에서 여성의 엉덩이를 움켜잡는 행위에는 모두 여성을 대상화하는 남성 중심적 시선이 담겨 있다) 어려 보여야 한다는 압박감이 더 심하며, 남성적 시선을 내면화한 사람도 많다.

사연자는 어린 시절 남성에게 원치 않는 관심을 받았던 것이 연관이 있을지 의심했는데, 나는 무척 연관이 깊다고 본다. 사연자는 그런 관심이 끔찍하게 싫었을 것이고, 자신을 겨냥한 부적절한 성적 발언을 들으며 무섭고 불쾌하며 침해당하는 느낌을 받았기 때문에 원인을 자기 몸에서 찾았을 것이다. 무의식이 그런 발언을 해석하는 과정에서 '내 몸이 이렇지 않으면 혐오감과 공포감을 느낄 일도 없을 텐데'라는 생각을 낳은 것이다. 이렇듯 원치 않는 관심을 받으면 외모를 훨씬 더 의식하게 되므로, 나이가 들면서 몸이 변화하면 혼란스럽게 느껴질 수 있다. 자기 몸에 자신감이 부족한 남성도 있지만, 일반적으로 남성은 불룩 튀어나온 배를 두들기며 웃어넘기는 일에 더 능하다. 여성이 변화하는 몸을 보며 느끼는 불안의 정도는 남성과 사뭇 다르다.

앞에서 말했듯 우리는 익숙함을 진리로 착각하기 쉽다. 하지만 무엇이 아름답고 무엇이 아름답지 않은지를 누가 정할 수 있다는 말인가? 사연자에게 공감이 된다면 당당해지기를 바란다. 당신의 몸은 아름답고 매력적이다. 그러니 늘 자부심을 가져라. 당신이 정말 얼마나 굉장한 사람인지 제대로 느끼지 못하는 채로 하루를 또 흘려보내지 마라. 자신감이 들지 않더라도 그런 것처럼 행동하며 익숙해져라. 자신감이 있는 척을 하다 보면 정말로 자신감이 생겨날 수 있다.

마찬가지로 나이가 들어가는 경험을 잘 묘사하고 있는 다음 편지는 은퇴한 여성이 현대 사회의 기술 발전에 뒤처진 기분이 든다며 보내온 사연이다.

저는 은퇴하고 혼자 사는 여성으로 코로나 봉쇄 기간이 몇 번 있었을 때 고립감을 느꼈습니다. 기술에 의존하는 것이 답인 듯했는데, 편리해서 좋을 때도 있었지만 오히려 세상과 더 단절된 느낌이 들 때도 많았어요. 예를 들어 화상 통화를 하는데 음소거를 어떻게 해제해야 하는지 몰랐을 때는 감금증후군 locked-in syndrome*에 걸린 느낌마저 들었습니다. 팬데믹이 끝나고 나서 상황은 나아졌지만, 그 사이 기술은 필수적인 수단이 됐고 저는 기술을 잘 활용하지는 못합니다.

한 번은 식당에 갔다가 앱으로 주문하는 방법을 몰라서 점심 식사를 포기한 적도 있어요. 스마트폰이 있기는 하지만 붙잡고 씨름할 때가 많습니다. 몇 달 동안은 전화를 어떻게 받는지 몰라서 사람들이 음성 메시지를 남길 때까지 기다렸다가 다시 전화를 걸어야 했어요.

요즘은 새 기기를 사도 사용 설명서가 들어 있지 않더군요. 저는 모든 일을 휴대전화와 시계(시계라니요?!)로 처리하는 사람들과 점점 더 멀어지고 있습니다. 저는 이 세상에 속하지 않는 것 같아요. 앞으로 상황이 더 나아질 것 같지도 않고요.

---

* 의식이 있어서 주변 상황을 파악할 수는 있으나 온몸이 마비되어 반응하지 못하는 상태

고백부터 하자면 나도 인간이 점점 더 기술에 의존해야 한다는 사실이 골치 아프게 느껴진다. 당장 우리 집 중앙난방 시스템을 작동시키는 방법도 모르겠고, 재산세를 내려고 해도 비밀번호를 기억해야 하니 답답한 노릇이다. 인터넷이 처음 등장했을 때는 나름대로 잘 적응했지만, 변하지 않는 것은 아무것도 없다. 나는 '업데이트'라는 단어를 들으면 몸서리가 쳐진다. 화상 회의 앱만 해도 사용법을 기껏 익혀놓으면 업데이트가 되거나 완전히 다른 프로그램으로 대체되어서 처음부터 다시 배워야 한다. 유튜브 영상을 보며 독학하는 것도 이제 지긋지긋하다. 기술과 함께 성장한 젊은 사람들이야 이리저리 눌러보면서 직관적으로 적응할 수 있지만, 우리는 그렇지 않다. 이런 불만이 있기는 해도 사실 새로운 것을 배우는 일은 나이 든 사람의 뇌에 좋다. 우리는 대개 스스로 인정하는 것보다 학습 능력이 뛰어나다. 전자 기기를 파는 매장에 가서 도움을 청하라. 나는 설명을 여러 번 듣고 연습하지 않으면 기억이 안 나서 몇 번이고 도움을 청하곤 한다.

나이를 먹어서 좋은 점은 내가 어떤 기분이고 무엇을 원하는지 있는 그대로 말해도 대개는 비난을 피할 수 있다는 것이다. 우리 늙은이들이 박수를 받을 만한 점이 한 가지 있다면 남이

나를 어떻게 생각하는지 크게 신경 쓰지 않는 법을 배운다는 것이 아닐까. ('크게'라고 말한 것에 주의하라. 남을 전혀 신경 쓰지 않으면 사이코패스 쪽으로 방향을 틀게 된다.)

할머니가 백 살이 되셨을 때 백 살이 되어서 좋은 것이 무엇인지 여쭤본 적이 있는데, 할머니는 이렇게 대답하셨다. "이제는 드디어 내가 뭘 좋아하는지 솔직히 말해도 아무도 뭐라 할 사람이 없단다." 통찰력 있는 말씀 감사해요, 할머니.

하지만 여기서 살펴볼 문제가 또 있다. 사람들은 대부분 자기가 집단의 중심이 아닌 주변부에 있다고 생각한다. 사연자도 그렇지만 독자 여러분과 나를 포함한 우리 모두에게는 보이지 않는 혼자만의 부분이 있기 마련이다. 나이가 들어서 뒤처진 것 같고 고립될 것만 같은 느낌이 든다면, 당신만 그런 것이 아니라는 점을 알아주었으면 좋겠다. 사람이라면 누구나 보이지 않고 알려지지 않은 부분이 있다. 당신은 분명 이 세상에 있어야 할 사람이다. 마음 한편으로 그렇지 않다고 느껴질 때가 있더라도 말이다.

상실의 슬픔에
대처하기

사랑하는 사람의 죽음은 인생에서 엄청난 변화가 일어나는 순간이다. 사람들이 나에게 보내오는 편지 중에 상실의 슬픔을 적어 내려간 것만큼 감동적이고 심오한 것도 없다. 나는 슬픔이 사랑의 대가라는 말을 종종 하는데, 이런 편지에서는 사연자가 여전히 품고 있는 사랑의 깊이와 무게가 절절히 느껴질 때가 많다. 다음 편지는 자녀의 죽음을 애도하는 어머니가 보내온 것으로, 지금까지 기억에 남는 많은 사연 중 하나다.

저에게는 세 아이가 있지만, 한 아이는 아기일 때 세상을 떠났습니다. 다른 두 아이는 이제 각각 서른네 살, 스물아홉 살이 됐는데, 그 아이를 떠나보낸 뒤로 남은 아이들을 지켜내려고 무의식적으로 노력했기 때문인지 저에게 정서적, 경제적, 물리적으로 많이 의지하는 편입니다(아이들은 애인이나 친구와 갈등이 있든, 직장에서 힘든 일이 생겼든 간에 저를 찾고, 저는 필요할 때면 언제든지 만사를 제쳐두고 달려가 옆에 있어주려고 합니다).

그러다 보니 가장인 남편에게도 영향이 가고 있습니다. 남편은 매우 관대한 사람이지만, 저희 사이의 유대감과 아이들이 저에게 많이 의지하는 이유를 이해하지 못해요(남편은 저와 결혼하기 전에는 아이가 없었고, 아이들이 저를 찾듯 부모님을 찾는다는 것은 꿈도 꾸어보지 못했을 사람입니다). 분명 문제는 저에게 있습니다. 저는 밤낮으로 걱정하고, 불면증뿐만 아니라 야경증에도 자주 시달리며, 어떻게든 아이들을 행복하게 해줘야 한다는 압박감과 부모로서 실패했다는 느낌에 휩싸이곤 해요. 힘든 어린 시절을 보냈고 너무 어린 나이에 부모님을 여의어서 쌍둥이를 낳기 전에도 항우울제를 복용했지만, 부작용 때문에 약을 먹지 않고 우울증을 이겨내보겠다고 굳게 결심했는데 이제는 거의 자포자기의 심정이 되어버렸습니다. 제가 달라지려면, 그리고 이 문제를 해결하려면 어떻게 해야 할까요?

어린 나이에 부모를 잃었을 소녀를 생각하니 가슴이 무척 아프고, 그 어리고 연약한 소녀가 사연자의 내면에 여전히 존재하는 듯하다. 그때 사연자는 보통 사람이 느끼는 안정감을 모두 빼앗겼을 것이다. 이런 일을 겪고 나서 인생에서 중요한 사람들에게 나쁜 일이 일어날지도 모른다고 두려워하게 되는 것은 지극히 당연한 일이다. 회복하기 시작했더라도 아이를 잃으면서 부모를 잃었던 오래된 상처를 다시 건드렸을 것이다. 사연자가 느끼는 두려움은 이해할 만하다.

뼛속 깊이 새겨진 오랜 트라우마는 그대로 모습을 드러내기보다 이유 없는 불안이나 끊이지 않는 막연한 걱정으로 나타나며, 이런 감정은 논리로만 물리칠 수 없다. 불안이나 걱정은 우리가 망가졌다는 신호가 아니라 인생의 취약성에 더 민감해졌다는 신호일 뿐이다. 커다란 상실을 겪으면 곁에 있는 사람들이 당연히 떠나가지 않으리라고 생각하기 쉽지 않으며, 태평하게 흘러가는 대로 살자는 식의 접근법은 대개 유연성이 떨어지고 두려움이 많은 삶의 방식으로 대체된다. 이런 경우에 생기는 문제 중 하나는 모든 일이 잘 되어가고 있어도 즐거운 마음이 들기보다 지금의 행복을 빼앗길까 봐 두려울 수 있다는 것이다. 나는 사연자와 같은 문제로 힘들어하는 이들에게 과거나 미래가 아닌 현재를 살아보라고 권한다. 이를테면 잠자리에 들 때 걱정스러운 생각을 내려놓고 숨소리나 숨의 감각에 집중하는 것도 좋은 방법이다.

우리는 때로 상실의 슬픔을 안고 삶을 살아가지만, 슬픔의 크기는 줄지 않고 늘 그대로다. 비통한 감정은 파도처럼 밀려오기도 하고 처음처럼 극심하게 느껴지기도 한다. 정해진 애도의 단계를 거치면 상실을 극복할 수 있다는 심리학 이론도 있다. 그러나 내가 삶과 죽음을 경험한 바로는 이런 종류의 이론에 공감할 수 있는 사람은 거의 없다. 사별은 고유한 여정을 따르며, 사람들은 저마다 다른 방식으로 사별을 경험한다. 수십 년 전 돌아가신 어머니를 여전히 애도하는 여성이 보내온 다음 사연은 애도의 과정이 정해진 계획에 따라 이루어지지 않는다는 점을 상기시켜준다.

저는 쉰 살이고 남편, 두 아이와 함께 딱히 바랄 것 없는 풍족한 삶을 살고 있습니다. 엄마는 제가 스물다섯 살 때 예순한 살의 나이로 갑작스레 돌아가셨어요. 사인은 심장마비였습니다. 저희는 엄마가 그렇게 위독하신지 전혀 몰랐어요. 아버지는 여든한 살에 대장암으로 돌아가셨고요.

아버지가 쇠약해지시는 모습을 보는 것은 무척 슬픈 일이었지만, 그래도 아버지의 병과 죽음은 받아들일 수 있었습니다. 제가 조언을 구하는 이유는 엄마의 죽음을 어떻게 받아들여야 할지 제대로 배운 적이 없는 것 같아서예요. 편지를 쓰는 지금도 눈물이 고이네요. 25년이나 지났는데 어떻게 이럴 수 있을까요? 이미 극복했어야 할 텐데 말이지요.

심리상담을 몇 번 받아보기도 했는데, 그때 만난 상담사는 엄마가 좋아했던 노래를 듣는다거나 하며 엄마에게 몰입하는 경험을 해보라고 권하더군요. 하지만 도움은 되지 않았습니다. 아직도 엄마의 죽음을 이겨내지 못한 느낌이 들어요. 어떻게 하면 좋을지 어떤 조언이라도 해주시면 감사하겠습니다.

내가 볼 때 분명한 것은 사연자가 너무 어린 나이에, 그것도 어머니와 여전히 관계를 쌓아가던 시기에 어머니를 잃으며 엄청난 충격을 받았다는 점이다. 어떤 사람들은 중요한 사람의 죽음이 마음속에 남긴 빈자리를 채울 수 있고 실제로 채우기도 하나, 상대를 아직 알아가던 중이었다면 쉽지 않은 일이며 너무 일찍 돌아가신 부모님의 경우에는 더더욱 그렇다.

프리츠 펄스와 로라 펄스가 창안한 게슈탈트 심리치료Gestalt Psychotherapy라는 기법이 있다. 흔히 쓰이는 게슈탈트 치료적 개입은 의자 두 개를 꺼내놓는 것에서부터 시작된다. 한 의자에는 내담자인 당신이 앉고, 다른 의자는 당신이 해소되지 않은 감정을 품고 있는 인물의 몫으로 비워둔다. 그리고 바보처럼 들리겠지만 자리에 없는 상대를 상징하는 의자를 향해 하고 싶은 말을 전부 소리내어 말한다. 그런 다음 (이것이 기발한 부분인데) 비어 있던 의자로 옮겨 앉아 그 사람이 되어서 그 사람이 할 법한 대답을 상상하며 당신이 앉아 있던 빈 의자를 향해 대답한다. 애도 중인 사람이라면 흘려야 했던 눈물을 흘리며 마음을 정화할 수 있을 것이고, 크나큰 슬픔에 갇혀 있다는 느낌을 받는 사람에게도 도움이 될 수 있다.

사연자처럼 많은 사람이 상실의 슬픔을 '이겨내고' 싶어 할지도 모른다. 사연자가 느끼는 좌절감에 공감이 된다면 '이겨낸다'라는 말을 '함께한다'로 바꿔보기를 바란다. 유감이지만 감정은 극복되는 것이 아니다. 감정은 그렇게 작동하지 않는다. 아이를 다그치는 것으로는 떼쓰는 것을 멈출 수 없듯 자신을 다그치는 것으로는 비탄에서 빠져나올 수 없다. 일상으로 돌아가더라도 감정은 사라지지 않고 잠복해 있다가 어떤 계기로 불쑥 되살아난다. 임종을 앞둔 노인이 어머니를 찾는 모습을 보면 가슴이 먹먹해지지 않을 수 없다. 나는 애도 중인 모든 이들에게 상실의 슬픔을 미워하거나 없애고 싶어 하지 말라고 권한다. 처음처럼 고통스럽고 쓰라릴 때도 있는 감정을 밀어내지 말라니 이상하게 들릴지도 모르겠다. 하지만 눈물이 날 때 당황하거나 화를 내는 대신 이것이 우리가 사랑하는 방식의 일부이며 앞으로도 그럴 것이라는 사실을 받아들인다면 상실의 슬픔을 감당하는 일이 수월해질 수도 있다.

✳ **일상의 지혜** ✳

상실의 슬픔을 '이겨내야' 하는 대상이 아닌 '함께해야' 하는 감
정으로 생각하자. 미워하거나 밀어내지 말고 고통과 슬픔과 친
해지려 해보자.

미국 건국의 아버지인 벤저민 프랭클린은 인생에서 죽음과
세금만큼 확실한 것은 없다고 했다. 사랑하는 사람을 되살릴 수
는 없다. 우리가 할 수 있는 일은 상실의 슬픔과 맺고 있는 관계
를 바꾸는 것이다. 슬픔은 밀어내면 다시 더 거세게 밀려온다.
기꺼이 받아들이고, 돌보고, 친절하게 대하며, 두려워하는 마
음을 거두어들인다면 슬픔이 사라지지는 않아도 견디기 쉬워
질 것이다. 사랑하는 사람을 잃었으니 가슴이 아프고 깊은 상실
감을 떨칠 수 없겠지만, 슬픔과 친구가 될 수 있다면 슬픔을 덜
느끼지는 않더라도 덜 신경 쓸 수는 있다.

나는 《인생학교: 정신》이라는 책에서 온전한 정신이란 지나
친 엄격함과 지나친 자유분방함 사이의 중도라고 말한 적이 있

다. 이 길의 중심에는 변화를 받아들이고 필요하다면 일으키며 나아가 맞이할 줄 아는 유연성이 있다. 인간은 본래 무언가에 속하고 싶어 하고 사회에서 자기 역할과 자리가 있다고 느끼는 존재다. 아마도 우리가 시도하는 가장 중요한 변화는 가족의 일원이 되거나, 근무 환경을 선택하거나, 사소하게는 온라인 모임에 가입하는 것처럼 소속감을 높이기 위한 변화일 것이다. 소속된다는 것은 만족감을 위한 중요한 토대이며, 다음 장에서는 이 부분을 다뤄보려 한다.

4장

우리는 어떻게 자족감을 얻는가

내면의 평화와 충족감, 그리고 의미 발견하기

삶에 만족하는 데 보통 방해가 된다고 생각하는 요인 중 하나는 우리 사회가 행복에 너무 많은 가치를 둔다는 것이다. 행복이란 즐거움을 느끼는 것이며 마음이 들떠 있는 상태를 말한다. 반가운 친구에게 문자가 왔거나 일을 일찍 끝내서 햇볕을 쬐며 산책할 수 있는 시간이 생겼을 때 차오르는 뜻밖의 기쁨이 곧 행복이다. 나는 행복을 단기적인 감정으로 본다. 우리는 항상 행복할 수는 없다.

대신 이번 마지막 장에서는 당신이 생각하는 자족감의 모습에 초점을 맞춰보려 한다. 자족감은 자기 삶을 스스로 만족스럽게 여기는 것이며 장기적 목표로 삼을 수 있는 기본 배경이 되는 마음 상태다. 즐거운 감정뿐만 아니라 힘든 감정까지 모두 수용할 수 있다면 감정을 인생의 지침으로 활용할 수 있다. 다양한 감정을 이해하고 관리해 행복을 느낄 수 있는 능력을 키우고 지속적인 자족감의 토대를 쌓을 수 있게 돕는 것이 이 장의 목표다.

스트레스와 불안 다스리기

스트레스를 받을 일은 어느 나이에나 있다. 시험에 합격하고, 원하는 직장에 취업하고, 싫어하는 일을 계속하고, 갈등이 생기고, 짝을 찾고 싶어 하고, 정체기를 겪고, 아이를 낳고 싶어 하고, 육아의 감옥에 갇히고, 돈 걱정을 하고, 집 걱정을 하고, 외로움을 느끼고, 이혼하고, 자신의 가치와 인생의 의미를 찾아 헤매고, 더 큰 성취를 이루고 더 많은 돈을 벌고, 더 늦기 전에 아이를 낳고 더 강한 몸을 만들고, 더 나은 섹스를 하고 더 매끈한 피부를 갖기 위해 노력하고, 속도를 늦춰야 할 때를 배우고, 인생의 말년을 계획하고, 갈수록 쇠약해지는 몸과 마음에 대처하는 이 모든 과정은 스트레스를 동반한다. 해본 적도 없고 안 될지도 모르는 도전적인 일을 하는데 스트레스가 없을 리 없다. 더 나쁜 경우에는 목표를 이루었는데도 생각했던 안도감이 느껴지지 않을 수도 있다. 우리는 어느 나이에든 내면의 자아상과 외부의 현실을 조화시켜야 하는 어려움과 마주한다.

우리는 수없이 많은 이유로 스트레스와 불안을 느끼며, 이런 상태는 일시적일 수도 있고 오래 지속될 수도 있다. 하지만 모든 스트레스가 나쁜 것은 아니다. 스트레스를 받는 것은 뇌를 건강하게 유지하는 하나의 방법이다. 스트레스가 전혀 없다면 정신적 운동을 하고 있지 않다는 뜻이다. 유익한 스트레스는 공황 상태에 빠질 정도로 우리를 압도하지 않으면서 새로운 것을 배우고 창의력을 발휘할 수 있도록 긍정적인 자극을 준다. 무언가를 배우면 새로운 신경 회로가 만들어지며, 신경 회로는 많을수록 좋다. 신경 회로가 많으면 뇌의 일부가 죽어가더라도 손상된 부위를 우회해 신호를 전달할 수 있으므로 뇌의 다른 부분들을 더 빠르게 연결할 수 있다.

하지만 좋은 것도 과유불급이라고 했다. 스트레스가 계속 높은 수준으로 유지되면 공황과 해리가 생길 수 있다. 해리 dissociation란 생각과 감각, 감정, 행동 간에 단절이 생기는 것으로, 일종의 머릿속이 하얘지는 형태로 경험된다. 공황과 해리는 번아웃 증후군으로 이어질 수 있다. 이런 상황을 피하려면 어떻게 해야 할까?

다음은 일상에 지장이 생길 정도로 심한 스트레스와 불안에 시달리는 젊은 남성이 보내온 사연이다.

저는 서른두 살 남성이고 직업적으로 성공했으며 다정한 여자 친구가 있습니다. 하지만 어린 시절에도 성인이 되어서도 트라우마를 꽤 많이 겪었고 건강에도 문제가 있어요. 지금 제가 겪고 있는 문제는 불안 수준이 너무 높아서 아침마다 두려움으로 얼어붙는다는 것입니다. 몸을 씻고 옷을 입는 것도 힘들고 하루를 시작할 의욕도 생기지 않아요.

사실 그뿐만이 아니에요. 저는 제 방이라는 안전한 영역 밖으로 나갈 생각만 해도 몸이 아픕니다. 현실에서 도피할 목적으로 같은 TV 프로그램을 몇 번이고 돌려보곤 해요. 제가 진정으로 안전하다고 느끼는 유일한 시간은 모두 잠든 밤에 홀로 있을 때입니다. 고요한 세상에 저만 남겨진 기분이지요.

저는 혹시라도 큰 불행이 닥칠까 봐 두렵고 사람들이 저에게 무언가를 기대하는 것도 두렵습니다. 사람들의 기대에 매이는 것도 기대에 못 미치는 것도 무서워요. 직장에서는 의욕이 너무 나지 않아서 능력을 제대로 발휘하기 어렵습니다. 가뜩이나 스트레스가 많은 직업에 종사하고 있는데 마음이 늘 불안합니다. 어떻게 하면 좋을까요?

혼자 보내는 시간은 사연자에게 마음의 평정을 되찾는 수단과 같다. 다음에 어떤 장면이 나올지 뻔히 아는 TV 프로그램을 다시 보면 결과를 정확히 예측할 수 있으므로 미래를 통제할 수 있다는 느낌도 받을 것이다. 인생에서 트라우마를 겪은 사연자가 이런 행동에서 위안을 얻는 것도 이해할 만하다. 이번 장 뒷부분에서 더 자세히 살펴보겠지만, 트라우마는 대개 충격을 받았을 때 생겨난다. 들어보니 사연자는 몸을 늘 준비 상태로 유지하는 것 같다. 다음에 또 '그런 일'이 일어났을 때('그런 일'이 무엇이든 간에) 충격을 받지 않게 대비하려고 근육에 힘이 잔뜩 들어가 있는 것이다. 우리는 사연자처럼 현재가 아닌 과거의 경험에 비추어 신체 반응을 보이는 함정에 빠지곤 한다. 이런 식으로 걱정을 달고 사는 것은 우리가 무의식적으로 생각하는 것만큼 도움이 되지 않는다.

우리는 스트레스를 다스리기 위해 나름의 대처 기제를 개발한다. 마음을 터놓고 이야기를 나누기도 하고, 명상이나 심리치료, 종교, 운동의 도움을 받기도 한다. 그런가 하면 알코올에 의존하거나, 무리해서 일하거나, 감정을 억누르고 겉으로 보이는 모습에 집착하는 것처럼 별로 도움이 되지 않는 방법에 기대기도 한다. 밤을 새우고, 일에 집착하고, 몸의 요구를 무시하며, 개인 시간도 사람을 만날 시간도 없이 생활하는 것은 비상 상황에서 쓰는 임시방편으로는 괜찮다. 하지만 비상 모드가 일상이 되어서는 곤란하다. 건강하지 않은 대처 방식을 지속하다 보면 몸이 무너지거나 그만 혹사하라고 저항하는 위기가 찾아올 수도 있다. 한 여성은 팬데믹과 남편의 죽음을 겪으면서 오래전에 이겨낸 줄 알았던 식이장애가 수십 년 만에 다시 나타났다는 사연을 보내왔다. 거식증이 오랜 대처 기제였으니, 극심한 스트레스를 받는 순간에 거식증으로 되돌아간 것도 놀라운 일은 아니다. 게다가 이 여성만 그런 것도 아니다. 스트레스가 많고 버거운 시기였던 만큼 팬데믹 기간에 자기 파괴적인 행동에 다시 빠진 사람이 많다. 감당해야 할 일이 너무 많을 때 무너지는 순간이 있다고 해서 부끄러워할 것은 없다. 우리의 힘은 회복탄력성에 있는 것이 아니라 자신의 취약성을 인식하고 인정하는 것에 있다. 어려운 상황에 있는 사람에게 수치심을 느끼는 것만큼 불필요한 일은 없다. 우리에게 필요한 것은 도움과 연민이며, 나부터 자신에게 연민을 품어야 한다.

바쁘게 돌아가는 생각을 멈추고 싶다면 호흡에 집중해보라고 다시 한번 당부하고 싶다. 지금 바로 해봐도 좋겠다. 책을 잠시 내려놓고 10초가량 내가 어떻게 숨을 쉬는지 의식해보자. 이번에는 20초 동안 해본다. 시간이 더 길거나 짧아도 괜찮으니, 들숨과 날숨을 차례로 알아차려보자. 호흡에 집중하는 것은 지금 이 순간 나 자신과 접촉하는 일이다. 숨을 의식하니 숨을 더 천천히 쉬게 되지 않는가? 아침에 일어나기 전에도 누운 채로 1~2분 동안 이렇게 숨을 알아차려보면 좋다. 주의가 산만해지더라도 다시 집중해보자. 당신은 어땠을지 모르지만, 나는 타자를 잠시 멈추고 이 연습을 하면서 아주 조금은 더 평온해졌다. 작은 노력도 도움이 된다. 하루에 5분만 호흡에 집중해도 긍정적인 변화가 일어날 수 있다.

불안이 느껴질 때도 마찬가지로 몸을 찬찬히 살피며 어떤 근육이 경직되어 있고 어떤 근육이 이완되어 있는지 알아차리는 연습을 하면 도움이 된다. 내가 자주 드는 유기견의 예시가 있다. 집에 유기견 한 마리를 데려왔다고 상상해보자. 쓰다듬어주려고 손을 들어 올리니 때리려는 줄 알고 움찔거린다. 과거의 경험을 바탕으로 반응한 것인데, 이제는 이런 반응이 본능적

인 것이 되어버렸다. 사람도 마찬가지다. 과거에 어떤 이유로
든 과도하게 불안했던 적이 있다면 몸은 현재에도 긴장된 상태
를 유지하며, 이런 상태는 감정에 영향을 미친다. 그리고 감정
은 신체 반응으로 다시 나타난다. 우리가 할 수 있는 일은 어떤
생각이나 감정이 들 때 몸이 보이는 반응을 알아차리는 것이며,
그러면 이전 상태로 되돌려볼 수 있다. 이미 경직되어 있는 부
분에 힘을 더 줘보기도 하고 이완되어 있는 부분에 힘을 더 빼
보기도 하며 어떤 느낌이 드는지 살펴보자. 불안이 커지는가,
아니면 줄어드는가? 마음이 편안해지는가 아니면 스트레스를
받는가? 긴장은 풀리기보다 더 쌓이기가 쉬우며, 내가 어떻게
긴장하게 되는지 더 잘 알게 되면 이런 습관을 바꾸는 법을 배
우기 시작할 수 있다. 이 연습은 생각에서 벗어나 감각에 집중
하는 데도 도움이 된다.

머릿속에서 소용돌이치는 불안을 멈추기 위해 추천하는 기
법이 또 하나 있다. 두려운 일들을 종이에 적고 번호를 매겨
보자. 최대한 구체적으로 적어본다. 그런 다음 '그러면 어쩌지
what-if!'라는 말을 전부 '그래서 뭐so-what'라는 말로 바꾼 뒤 어떤
기분이 드는지 살펴본다. 나는 모든 사람이 내면의 관찰자를 키
우고 지켜야 한다고 생각한다. 스트레스를 받거나 불안하거나

눈코 뜰 새 없이 바쁠 때는 자신의 감정을 알아차리는 일이 최우선 순위가 아닐 수도 있지만, 그래도 그래야 하는 이유는 감정이 자동차 계기판에 들어온 불빛과 같기 때문이다. 주유 경고등의 전구를 빼버리는 것이 최선의 방책이라고 생각할 사람은 없듯, 감정은 억누르기보다 관찰할 필요가 있다. 감정은 우리가 쉬고, 놀고, 사람들과 소통해야 할 때를 알려주기 위해 존재한다. 감정을 무시하면 더 크게 소리치며 기분을 더욱 나쁘게 만들 것이다. 감정을 무시하고 고려하지 않는 것은 반란이 일어날 위험을 무릅쓰는 것과 같다. 감정은 직원과 같아서 무시하거나 억압하면 저항할 수 있다. 내가 드리는 조언은 감정이 하는 말을 귀담아듣고, 감정이 보고한 내용을 고려해 결정을 내리며, 감정을 좋은 방향으로 활용하라는 것이다. 감정을 무시하지도, 감정에 지배당하지도 말자. 만사가 그렇듯 타협점을 찾는 것, 즉 머리와 가슴의 의견을 모두 듣고 결정을 내리는 것이 좋다.

감정을 관찰하면 감정에 이용당하는 대신 내가 감정을 이용할 수 있다. 즉 감정이 올라오기 시작할 때를 알아차리고 감정에 귀 기울인 다음에야 행동을 취하라는 것이다. 감정을 관찰하면 내가 곧 그 감정이 되어버릴 위험이 줄어든다. 사연으로 돌아가자면, "나는 무서워^{I am scared}"와 "나는 무서움을 느껴^{I feel}

scared"라는 말에는 차이가 있다. "나는 무서워"라는 말은 '나'라는 사람 전체를 정의하지만, "나는 무서움을 느껴"라는 말에서는 뒤로 물러나 지켜보고 있는 '나'의 한 부분이 드러난다. 이 내면의 관찰자가 있다면 감정에 그저 반응하는 대신 감정을 고려해서 결정을 내릴 수 있다.

✳ **일상의 지혜** ✳

감정을 관찰하되 내가 곧 그 감정이 되지는 말자. 감정에 완전히 압도되는 대신 감정을 관찰할 수 있도록 중립적인 부분을 조금이라도 유지하자.

그렇다면 내면의 관찰자를 어떻게 키울 수 있을까? 내가 추천하는 방법은 그날그날 드는 기분과 느낌을 관찰해서 일지에 기록하는 것이다. 이 관찰자는 여러 감정과 느낌을 그저 지켜볼 뿐 고마움이나 불안, 사랑, 두려움 같은 감정과 하나가 되지 않는다. 감정이 아닌 관찰자의 시선에서 말해보자. 즉 "나는 불안해I'm anxious" 대신 "내가 불안해하는 것이 느껴져I notice I am feeling anxious"라고 말하는 것이다. 나와 부정적 감정 사이에 거리감을 두자. 감정에 '불안 씨Mr./Ms. Anxiety' 등 적당한 이름을 붙여 부르

며 페르소나를 부여하면 감정과 더욱더 분리될 수 있다. 이런 작은 변화로도 효과는 나타난다. 실제로 이 조언을 들은 사연자는 불안을 알아보고 이름을 붙여주었더니 생각했던 것보다 더 큰 변화가 생겼다고 답장을 보내왔다. 물론 낯선 사람에게 보내는 메일로나마 자신의 감정을 공유한 것도 마음의 짐을 덜어주었을 것이다. 마음속에 담아둔 이야기를 전부 적어 내려가며 불안에 완전히 사로잡히는 대신 자신을 관찰할 기회를 얻었으니 말이다.

사람들이 보내오는 사연을 보면 특히 직장에서 느끼는 스트레스나 압도감에 관한 내용이 많다. 대다수 직장인이 번아웃 증후군을 경험한다는 통계는 잘 알려져 있으나, 개인이 자신을 돌보기 위해 할 수 있는 일에는 한계가 있다. 책임은 조직 문화에도 있다. 강점만 보여줘야 하고 약점을 드러내서는 안 되는 문화에 일조하고 있다면 우리에게도 문제가 있다. 이윤을 창출하는 사람들보다 이윤을 가치 있게 여기는 것 역시 마찬가지다. 나는 직원과 협력사를 상대로 책임을 면피할 수 있는 선에서 최소한의 비용을 들여 최대한의 이익을 거두는 기업의 비윤리성이 심리상담이나 마음 챙김 워크숍 같은 사내 복지에 가려져서는 안 된다고 생각한다. 직원을 무시하는 것은 감정을 무시하는 것만큼이나 위험하다. 우리에게는 서로 경청하고, 배려하며, 경쟁이 아닌 협업을 하는 업무 환경이 필요하다.

내면의 비평가
넘어서기

내면의 비평가inner critic는 누구에게나 있지만, 그 목소리가 더 큰 사람들이 있다. 우리는 자라면서 주변 사람들로부터 신념 체계를 받아들인다. 주변에서 나를 쓸모없는 존재로 여기거나 그들과 같아야만 좋은 사람인 것처럼 대했다면 그런 사고방식에 익숙해졌을 것이다. 인정을 충분히 받지 못하면 내가 어딘가 부족한 사람이라는 믿음이 생긴다. 그리고 그런 믿음은 자기를 증명해 보이려는 욕구, 즉 나를 믿어주지 않았던 사람들에게 무언가를 해낼 수 있다고 보여주려는 열망으로 나타날 수 있다. 하지만 증명하려 했던 것이 무엇이든 간에 목표를 달성하더라도 충분하다는 느낌은 들지 않는다. 많은 사람이 자기비판, 즉 절대 만족하는 법이 없는 내면의 비평가에게 시달리는 것은 이런 이유 때문이다.

　　다음 편지는 내면의 비평가가 내는 목소리가 유독 큰 여성이
보내온 사연이다.

　　마흔이 다 되어가는 나이에 제가 무엇을 해야 행복할 수 있을
지 전혀 모른다는 사실을 깨닫고 있습니다. 저는 결혼해서 아
이들도 있고, 좋은 직장도 다니고 있으며, 경제적으로도 여유
가 있습니다. 불평할 거리라고는 아무것도 없지요. 하지만 제
가 인생에서 늘 원했던 것이 하나 있다면 바로 작가가 되는 것
입니다. 지금까지 대형 출판사에서 세 권의 책을 냈지만, 반응
이 좋지는 않았어요. 사람들이 자부심을 가지라고 말해줘도
제가 실패자라는 생각이 듭니다. 포기하지 말자고 계속 생각
하기는 하는데, 계속 노력해야 할 이유를 찾기가 점점 어려워
져요. 사라져가는 이 한 가닥 희망마저 없으면 인생이 온통 잿
빛이라 오랜 꿈에 습관적으로 집착할 뿐입니다.
　　제가 가진 것에서 즐거움을 느끼는 법을 배우고 이런 큰 공
허함을 떨쳐버리려면 어떻게 해야 할까요?

　　사연자는 작가가 되고 싶어 했고 실제로 작가가 됐지만, 작
가로서 실패했다고 말하는 내면의 목소리를 듣고 있다. 이 목소

리는 제 생각만큼 도움이 되지 않을 때가 많다. 사연자와 마찬가지로 내가 원하는 것을 추구하기에는 실력이 별로 좋지 않다거나, 머리가 별로 좋지 않다거나, 아무튼 어딘가 부족하다고 말하는 내면의 목소리를 듣고 있다면 이 목소리가 어디에서 왔는지 자문해보기를 바란다. 누가 떠오르는가? 실패가 너무 두려워서 아무것도 시도하지 않았던 부모님? 지나치게 비판적이었던 선생님? 중요한 것은 외적인 성공이지 나에게 맞는 일을 하는 것이 아니라고 말했던 사람이나 세상? 누가 됐든 간에 도움을 주려 했을지는 몰라도 실제로는 정반대의 결과를 낳고 있다. 그들이 틀렸음을 증명하려면 내가 더 밝게 빛나야 하며 계속해서 더욱더 반짝이는 사람이 되어야 한다는 생각에 스트레스를 받지 않도록 하자.

우리가 할 일은 이 비평가의 존재를 알아차리는 것이다. 그리고 내면의 비평가가 하는 말이 옳다고 여기는 대신 경계할 줄 알아야 한다. 옳은 말이 아니라 익숙한 말이며, 이 둘 사이에는 차이가 있으니 말이다. 이 비평가는 조용히 시키려고 해도 목소리를 계속 높이겠지만, 그저 관찰하고, 자신과 분리해서 생각하며, 방음이 되는 작은 감방으로 안내한 뒤 그 안에 가둬버리면 그만이다. 열쇠를 찾아 문을 열고 나올 때가 있더라도 "오,

안녕, 너 또 왔구나. 오늘은 안 돼, 그만 가봐" 정도로만 대꾸하면 된다. 굳이 대화하거나 상대하지 마라. 내가 나를 부정적으로 묘사할 때를 알아차리고 그런 자기 비판적인 생각과 거리를 두라. 그런 생각은 사실이 아니라 나를 무너뜨릴 수 있는 습관이다.

물론 실수할 때도 있을 수 있지만, 사람은 실수를 하지 않고서는 배울 수 없다. 실수가 있었다면 대개는 그 부분만 바로잡으면 된다. 반면 내면의 비평가는 직설적이면서도 막연한 비판을 쏟아낸다. 이를테면 "유약에 산화구리를 너무 많이 넣어서 도자기가 녹색이 아닌 검은색으로 나온 거야" 같은 유용한 말이 아니라 "너는 쓸모없는 사람이야, 네가 도자기를 잘 만들게 될 일은 절대 없을 거야"라고 말하는 식이다. 이런 목소리가 들리면 내면의 비평가 하는 말이라는 것을 알아채고 거리를 두어야 한다.

내면의 비평가가 하는 말에 귀 기울이거나 따르는 대신 나에게 기쁨을 주는 일에 에너지를 집중하자. 내가 인생에서 소망하고 희망하고 꿈꾸는 일을 하자. 우리는 무언가를 하려면 꼭 잘해야만 한다고 생각하는 실수를 하기도 한다. 내가 가입한 지역 합창단은 다행히도 그런 분위기가 아니었다. 노래 실력이 크게 향상되지는 않았지만, 합창단의 일원으로 활동한다는 것은 무척 즐거운 일이었고 덕분에 좋은 친구들도 사귈 수 있었다. 내가 잘하는지 못하는지 판단하는 것은 정말 의미 없는 행동이다. 아주 뛰어나지 않으면 전혀 쓸모없다고 생각하는 것도 현실적인 시각은 아닐 수 있다. 중요한 것은 내가 늘 하고 싶었던 일을 하는 것이다. 이 점을 깨달으면 굉장히 자유로워질 수 있다.

내면의 비평가는 죄책감으로도 모습을 드러낸다. 죄책감은 두 가지 유형으로 나뉜다. 유용한 죄책감이 있는가 하면 신경증적 죄책감neurotic guilt도 있다. 죄책감은 마치 자동차 계기판에 켜진 경고등과 같아서 무시해서는 안 되는 감정이다. 내가 하고 있거나 하고 있지 않은 특정 행동과 관련지을 수 있다면 유용한 죄책감이라고 볼 수 있으며, 이것은 무언가 변화가 필요하다는 신호다. 하지만 최선을 다하고 있는데도 여전히 죄책감이 느껴진다면 최선을 다하고 있지 않아서가 아니라 내면의 비평가가 죄책감이 들게 했기 때문일 수 있다. 이런 죄책감은 이렇다 할 이유를 찾을 수 없는 불안처럼 느껴질 수도 있다.

그래도 자신이 실패자라는 생각이 들고 이런 내면의 목소리를 잠재울 수 없다면 실패를 대하는 태도를 바꿔보자. 실패해도 괜찮다. 그리고 실패해볼 필요도 있다. 실패한 적이 한 번도 없는 사람이 과연 무언가를 이루어낼 수 있겠는가. 성공 여부는 외부 요인만큼이나 자신과 대화하는 방식과도 관련이 깊다. 나는 한 남성이 질투에 관해 보내온 다음 사연을 보며 이 점을 떠올렸다.

최근에 제가 질투가 무척 심한 사람이라는 것을 깨닫고 매우 비참한 기분을 느끼고 있습니다. 주변의 모든 친구와 여자 친구, 그리고 SNS에서 마주치는 수많은 사람과 조금이라도 '성공'했거나 재능이 있는 것처럼 보이는 모든 사람을 부러워합니다. 다른 사람에게서 저에게는 없는 긍정적인 면을 발견하면 제 성적표에는 감점 요인으로 작용하지요.

저는 누구를 만나든 제가 더 '성공'했거나 더 행복하게 살고 있는지 알고 싶어서 저와 제 일을 그 사람과 비교하며 하루하루를 보냅니다. 저보다 훨씬 재능 있는 사람, 제가 절대 만들 수 없을 작품, 절대 숙달할 수 없을 기술을 발견하지 못하는 날이 없어요.

제 작품이 다른 사람들의 작품만큼 훌륭하지 않다는 생각에 집착하느라 시간을 다 쏟고 있습니다. 예술 분야에서 프리랜서로 일하다 보니, 모든 사람의 작품이 비교할 수 있게 세상에 공개되어 있어요. 그래서 기분이 한없이 처지고 우울합니다. 어떻게 하면 이 괴물 같은 감정을 없앨 수 있을까요?

질투라는 감정을 없앨 수는 없지만, 다르게 바라볼 수는 있다. 질투와 부러움은 구분해야 한다. 질투는 형제자매와 엄마를 공유하고 싶지 않다거나 경쟁자로 여기는 사람에게 나쁜 일이 일어나기를 바랄 때 느끼는 감정에 가깝다. 반면에 부러움은 내가 원하는 것을 상대가 가지고 있을 때 느끼는 감정이라고 할 수 있다. 부러움을 나쁘게 보지 말고 정보라고 생각해보자. 내가 인생에서 정말로 원하는 것이 무엇인지 알아내는 것은 어려운 일인데, 부러움은 나의 열망이 무엇인지 파악하는 데 도움이 될 수 있다. 부러움은 병적인 상태가 아니라 내가 무엇을 원하는지 깨닫게 도와주고 그것을 추구하도록 동기를 부여하는 정상적인 정신적 처리 과정의 일부다.

하지만 부러움은 내면의 비평가가 내는 목소리를 더 키울 수 있다. 성장 과정에서 내가 형제자매보다 우월하거나 그렇지 않으면 열등하다고 생각하는 습관이 몸에 배었다면, 이런 생각을 모든 인간관계에 대입하며 나를 늘 남과 비교하고 있을지도 모른다. 다른 사람의 성공을 그 사람과 관련된 일로만 보지 않고 마치 나에게 영향을 미치는 일인 양 개인적으로 받아들인다면 상대가 거둔 외적인 성공을 스스로 부족하다고 느끼는 내면의 감정과 비교하는 것과 같다. 다시 말해, 상대의 외면을 나의 내면과 비교하는 것이다. 나는 다른 사람들의 내면세계를 더 알아보라는 조언을 드리고 싶다. 친구나 애인, 동료와 함께 부러움에 관해 이야기를 나누며 그들은 언제 부러움을 느끼는지 알아보라. 부러운 감정을 마음속에만 담아둘수록 내면의 비평가가 미치는 힘은 더 커질 것이다.

> ✳ **일상의 지혜** ✳
>
> 부러움을 내가 무엇을 원하는지 알려주는 정보로 생각하자. 부러움은 열망을 알아보고 자극하는 데 도움이 되는 촉매 역할을 할 수 있다.

　나보다 재능 있는 사람은 늘 있을 것이다. 그런 사람을 경쟁자나 눈엣가시로 여기는 대신 배우고 함께하자. 나에게는 없는 타고난 자질을 갖춘 사람이 있다면 힘을 합치는 편이 좋지 않을까? 우리가 팀으로 일하는 것도 그런 이유에서다. 우리에게는 저마다 문제 해결에 도움이 되는 자질이 있다. 모든 일을 혼자서 할 필요는 없다.

내면의 독백을 듣다 보면 익숙한 패턴에 갇혀 있다는 느낌이 들지 않는가? 아이디어를 제안했다가 거절당했다면 자신에게 어떤 말을 건넬 것 같은지 생각해보라. 다음 중 어느 쪽에 가까운가?

> a) 저 사람들은 비전이 부족해. 아무것도 바꾸지 않고 그대로 갈 거야.
> b) 저 사람들 말이 맞아, 포기할래.
> c) 받아들이기 힘든 피드백이었어. 하지만 유용한 부분도 있었으니 바꿀 것은 바꾸고 계속 시도해볼 거야.

이 중에서 주로 어느 쪽에 속하는지는 현재 상황에서 가장 생산적인 방향을 선택하는 것보다는 그동안 누적된 과거의 모든 경험과 관계가 있을 가능성이 크다. 나를 남과 비교하는 습관에 빠져 있다는 사실을 깨달았다면 알아챈 것을 기뻐하며 초점을 바꿔보자. 하루아침에 좋아지지는 않겠지만, 연습을 거듭할수록 점차 초점을 바꿀 수 있게 될 것이다. 만들어진 습관일 뿐이니 새로운 습관을 만들면 된다.

희생양
만들기

내면의 비평가는 우리가 문제를 직접 해결하는 것을 방해하고, 대신 삶의 다른 부분에 책임을 전가할 수도 있다. 70대 여성이 후회와 실망에 사로잡혀 있다며 사연을 보내온 적이 있다. 자신이 겉으로는 행복하고 평온하며 활달해 보이고 친구도 관심사도 많아 보일지 몰라도 이런 겉모습 아래에는 불만감이 숨겨져 있다는 설명이었다. 사연자는 너무 어린 나이에 결혼한 것이 후회되고 남편을 진정으로 사랑한 적이 없는 것 같다고 했다. 남편이 사라져 버렸으면 좋겠다고 바랄 때도 있는데, 그럴 때면 부끄러운 마음이 들고 결혼 초기에 바람을 피웠는데도 자신을 언제나 변함없이 지지해주고 사랑해주는 남편을 생각하면 부끄러운 마음이 커진다고도 덧붙였다.

외도 이후 외로움을 느낀 사연자는 몇 달 동안 떨어져 지내던 남편에게 돌아갔고, 지금까지 50년이 넘는 세월을 함께했다. 이제는 자녀와 손주도 있고 감사해야 할 일도 많다는 것을 알지만, 사연자는 더 매력적이고 더 잘 맞는 인생의 동반자를 고르지 못한 것을 여전히 후회했다. 사연자는 자신의 직업에 관해서도 비슷한 감정을 품고 있어서, 일 자체에는 흥미가 있고 겉으로도 성공적으로 보이지만 만족스럽지는 않다고 했다. 사연자가 나에게 편지를 보낸 이유는 이렇게 머릿속에 불쑥불쑥 끼어드는 불만과 후회를 떨쳐버리고 자족감을 얻고 싶어서였다.

완벽한 선택이 늘 있다고 믿는 것은 문제를 제기할 만한 신념 체계다. 나는 어쩐지 사연자가 배우자를 잘못 선택한 것이 아니라 어떤 선택을 하든 잘못된 선택이라고 생각하는 것이 아닌가 하는 의심이 든다. 지금 하는 일에 계속 흥미를 느끼면서도 만족감을 느끼지 못하는 것 역시 마찬가지 이유일 것이다. 물론 누구나 선택의 갈림길에 섰던 순간^{sliding doors moment}*을 돌아보기 마련이며 인생에 후회가 있는 것도 당연한 일이지만, 사연자도 마음 한편으로는 자신이 느끼는 불만이 내면의 문제라는 점을 알고 있으리라 생각한다. 어쨌든 다른 남편이나 직업을 찾을 수 있게 도와달라고 요청하지는 않았으니 말이다. 사연자는 머릿속에 끼어드는 잡념이 문제라는 것을 제대로 파악했고, 마음속으로는 자신의 선택이 문제가 아니라 선택을 둘러싼 생

---

* 심리학자 존 가트맨이 쓴 표현으로 1998년 영화 〈슬라이딩 도어즈〉에서 주인공이 지하철 문이 닫히는 찰나의 순간에 열차에 타는지 못 타는지에 따라 인생이 달라졌던 것을 들어 인생에 커다란 영향을 미칠 수 있는 작은 결정이나 행동의 순간을 지칭한 말이다.

각이 일을 망치고 있다는 것을 알고 있다.

사연자가 평소에 자주 느끼는 감정은 불만감이며, 사연자의 불만감을 키우고 살아 있게 하는 것은 바로 후회하는 습관이다. 결혼과 직업 선택을 후회하는 그가 과거에 선택했던 AP^Advanced Placement** 시험 과목이나 살기로 결정한 집을 두고 아쉬움을 느낀다고 해도 놀라운 일은 아닐 것이다. 그렇다면 여기서 무슨 일이 일어나고 있는 것일까?

사연자는 후회하는 습관에 빠져 있지만, 이외에도 자신을 괴롭힐 수 있는 사고 패턴 또는 기본적인 사고방식은 많다. 어떤 사람들은 걱정하는 습관에 빠진다. 하나의 걱정이 사라지자마자 다른 걱정이 눈앞에 나타난다. 우리는 이런 패턴을 반복하며 내면의 문제를 직면하는 것을 피한다. 습관적인 기분의 원인이 내면이 아닌 외부에 있다고 믿기 때문이다. 외부 상황과 사건이 기분에 영향을 미쳐서는 안 되며 그럴 일도 없으리라는 말은 아니다. 내가 말하는 것은 기본 배경이 되는 습관적인 상태나 기분이며, 유쾌한 상태가 아닌데도 그 상태에 계속 갇혀 있을 수 있다는 점이다. 다행히도 우리에게는 이런 상황을 바

**　　고등학생 때 대학 교양 과목을 미리 수강하고 학점을 취득할 수 있는 대학 학점 선이수 프로그램

꿀 힘이 있다.

> ✳ **일상의 지혜** ✳
>
> 내가 느끼는 불만의 원인을 자신 안에서 찾기보다는 외부의 대
> 상 탓으로 돌리는 것이 훨씬 쉬운 일이다.

1960년대에 중증 뇌전증을 억제하는 몇 안 되는 방법의 하나
는 뇌의 좌반구와 우반구 사이에 있는 신경 경로들을 절단하는
것이었다. 신경과학자 로저 스페리는 여기서 더 나아가 좌뇌와
우뇌가 소통하지 못할 때 어떤 일이 일어나는지 알아보기 위해
몇 가지 실험을 시행했다. 연구팀이 밝혀낸 것은 인간은 자신
이 느끼는 감정의 이유를 늘 만들어내며 그 이유는 순전히 엉터
리일 때가 많다는 점이었다. 우리는 감정을 두고 완전히 지어낸
이야기와 이유를 엮어낸다.

연구팀이 피험자들의 오른쪽 눈을 가리고 왼쪽 시야, 즉 우
뇌의 시야(왼쪽 눈은 우뇌, 오른쪽 눈은 좌뇌와 연결된다)에만 '걸으세
요WALK'라는 지시어를 띄웠을 때 피험자들은 일어나서 걷기 시
작했다. 왜 걸었는지 묻자 예외 없이 이유를 내놓았다. 피험자
들이 한 대답은 "모르겠다", "그러고 싶은 충동이 들었다", "실험

자들이 지시어를 보여줬다" 같은 말이 아니었다. 아니, 그런 상황에서 인간은 반사적으로 서사를 만들어낸다. 피험자들은 "콜라를 가지러 가야 했다"라거나 "몸이 좀 뻐근해서 걸어 다녀야 했다" 같은 말을 하곤 했다. 즉 의미를 만들어내는 부분인 좌뇌가 감정을 느끼는 부분인 우뇌와 차단된 상태에서 이야기를 만들어낸 것이다.

우리는 양쪽 뇌가 분리되어 있지 않아도 자신이 왜 그런 감정을 느끼고 그런 행동을 했는지 이유를 만들어낸다. 뇌가 이유를 찾아내지 못하면 가장 가까운 대상이나 사람을 보고 자신이 불행한 이유라고 단정하는 일도 드물지 않다. 앞에서 살펴본 사연 속 여성은 자신이 불만을 느끼는 이유가 남편을 잘못 만났거나 너무 어린 나이에 결혼했기 때문이라고 생각한다. 남편이 곁에 있을 때보다 없을 때 기분이 더 나쁘면서도 남편이 자신에게 맞는 사람이 아니라서 불만이라는 서사를 여전히 고집한다. 나의 진짜 감정을 들여다보고 어린 시절의 기억을 되짚어보며 이유와 경험을 분리하기가 쉽지 않아서다. 감정을 정당화하는 생각과 이유를 떠올리지 않고 감정만을 느끼기가 어려운 것이다.

심리치료사로서의 경험에 따르면 서사에 감정이 많이 실려 있을수록 그 서사가 진짜 이유일 가능성은 작다. 생각해보면 사람들은 사실을 이야기할 때는 감정적으로 중립적인 태도를 보인다. 나는 잔디가 초록색이라고 말하는데 상대는 파란색이라고 생각한다고 해서 의견이 다르다고 화를 낼 일은 없다. 반면 사실이라고 믿고 싶지만 개인적인 생각일 뿐인 의견에 상대가 이의를 제기하면 감정이 격해져서 발끈하고 나서게 될 것이다. 예를 들어 누군가가 나에게 고양이보다 강아지가 무조건 더 좋은 반려동물이라고 말한다면 한바탕 설전이 벌어질지도 모른다. 나는 사연자가 남편을 떠올릴 때 드는 강한 감정이 잘못된 선택을 했기 때문에 불행해졌다는 습관적인 사고 과정에 힘을 실어주고 있다고 생각한다. 사연자는 잘못된 선택을 하지 않았을지도 모른다. 사연자의 남편은 더할 나위 없이 좋은 배우자일지도 모르고, 나도 반려견에게 의지할 수 있을지도 모른다. 생각과 사고가 습관이 되기는 하지만, 습관일 뿐 진리는 아니다.

때로 우리는 문제와 무관한 사람이나 대상을 탓하는 대신 자기 자신과 제 몸에 부정적 감정과 경험을 투사하기도 한다. 흔히 외모 강박증으로 불리는 신체이형장애body dysmorphia는 자신이 인식하는 신체 결함에 관한 생각을 멈추지 못하는 정신 건강상의 문제다. 다른 사람들도 결함이라고 생각하는지에 관계없이 수치심과 불안을 느끼며, 삶에도 부정적인 영향이 생긴다.

신체이형장애는 어린 시절에 놀림이나 괴롭힘을 당하거나, 지나치게 비판받거나, 학대받은 결과일 수 있다. 몸에 관해 터놓고 이야기하는 것이 항상 쉬운 일은 아니지만, 자기 몸을 편안하게 느끼지 못하고 있다면 이 첫걸음부터 떼는 것이 중요하다.

아래 사례는 신체이형장애를 겪고 있는 듯한 중년 남성이 보내온 사연이다.

저는 성기가 작습니다. 열네 살 때인가 학교 탈의실에서 한 아이가 "거기가 작다"라며 저를 공개적으로 망신 주더군요. 어린 저는 수치심을 느꼈습니다. 그때까지만 해도 성기 크기가 중요하다고 생각해본 적이 없었어요.

미디어에서도 성기가 작은 것을 비웃을 만하고 남자답지 못한 것으로 묘사하는 듯합니다. '남성성manhood'이라는 단어가 남근이라는 다른 뜻을 가지게 된 것도 큰 고추가 곧 바람직한 남성적 특성이라는 완곡한 표현이겠지요.

저는 쉰다섯 살이고 아이가 셋 있으며 사랑하는 아내와 행복하게 살고 있습니다. 성생활도 만족스럽고요. 아내가 만족한다면 자신감을 좀 더 가질 필요가 있다고 분명 말씀하시겠지요. 맞아요, 저는 감사할 것이 많습니다. 이제는 '여러 여자를 만나고 다닐' 일도 없고요. 하지만 이 문제로 걱정하고 고민하며 우울해한 세월이 40년입니다.

어린 시절 저는 제가 '실패'하리라고 생각하는 사람 틈에서 자랐고, 그러면서 뿌리 깊은 낮은 자존감과 한 사람으로서 충분하지 않다는 자괴감이 생겼습니다. 그래서 제가 '부족하다'라는 이런 '증거'를 접할 때면 열등감이 더욱 커집니다. 상담을 받아봤지만 제 말을 진지하게 받아들인다는 느낌은 받지 못했어요. 제가 이상적으로 생각하는 모습에 '미치지' 못하는 것이 여전히 너무 가슴 아픕니다. 성기 크기가 평균 이하인 세상 남성의 절반을 조롱해도 괜찮다고 여기는 듯한 사회 분위기에 깊은 분노도 느낍니다. "오, 저 남자 차는 후드가 참 기네. 뭘 보상하려고 저런 큰 차를 타는 거야?"라며 킥킥대기나 하고 말이지요. 성기 크기는 저에게 너무도 중요한 문제이지만, 대부분 사람이 보내는 부정적 시선 때문에 수치심을 감출 수밖에 없습니다. 이런 신체적 특징과 관계없이 자신을 사랑하는 법을 배우려면 어떻게 해야 할까요?

편지 내용으로 미루어보아 사연자는 주변 사람들의 기대를 받지 못하고 성장하며 자기가 부족하다는 생각을 자주 하게 됐던 것 같다. 내 생각에 사연자의 성기 크기는 그가 부족하다는 증거라기보다 그가 성장 과정 내내 어떤 대우를 받았는지 나타내는 상징이 되어버렸다. 사연자의 성기가 인생의 다른 모든 문제에 대한 책임을 떠맡은 희생양scapegoat이 됐다고도 말할 수 있다. 열네 살 때 탈의실에서 놀림을 받고 수치심을 느꼈을 때 그의 뇌는 자신이 부족하다고 느끼게 됐던 모든 시간과 성기를 관련지었다. 그때까지 일상에서 들었던 고통스럽고 모욕적인 말을 애꿎은 신체 부위에 전부 쏟아부은 것이다. 그 뒤로 공석이나 사석에서 작은 성기에 관한 말을 들을 때마다 사연자의 상처는 더 심해졌을 것이다.

신체이형장애가 나타나는 방식은 다양하다. 사연자의 경우처럼 성기 같은 특정한 신체 부위 외에도 몸무게나 키, 성별, 얼굴 생김새, 피부 상태 등 집착의 대상이 될 수 있는 것은 수도 없이 많다. 구체적으로 어떤 대상인지보다 중요한 것은 이 대상이 심리적 고통의 상징이 된다는 사실이다. 신체이형장애를 겪고 있는 사람은 이런 신체적 특징에 줄곧 신경 쓰고 집착하는 수준에 이르며, 이런 생각이 마음 한편에 머물 때도 있지만 전면에 드러날 때도 많다.

마음에 들지 않는 부분을 '고칠' 수 있는 안전한 성형 수술만 있다면 완치될 수 있다고 생각하는 사람이 많을지도 모른다. 하지만 신체이형장애가 있는 사람은 수술 결과에 절대 만족하지 못할 것이므로 그렇게 간단한 일은 아닐 것이다. 신체이형장애에서 문제가 되는 것은 신체 부위가 아니라 성장 과정에서 입은 심리적 상처에 관한 책임을 신체 부위에 전가하고 있다는 점이다. 신체 부위에 문제가 있거나 사회에 문제가 있는 것처럼 느껴질 수 있지만, 실제로는 자라면서 자기 전체를 어떻게 느끼게 됐는지가 문제다.

비판적인 내면의 목소리를 잠재우는 것이 불가능해 보이더라도 이 목소리와 다른 관계를 만들 수는 있다. 내가 느끼는 부정적 감정을 두고 남 탓을 하게 되든, 나의 선택이나 몸을 탓하게 되든 간에 이렇게 머릿속에 불쑥불쑥 끼어드는 생각을 통제하려면 먼저 관찰부터 해보자. 생각을 완전히 막을 수는 없다는 점을 받아들이되 심각하게 여기지는 말자. 생각에 휘둘리지 말자. 내가 곧 그 생각이 되는 대신 생각을 지켜본다면 영향을 받지 않는 일이 쉬워질 것이다. 그러려면 날마다 시간을 내서 연습해야 한다. 비판적인 내면의 목소리는 당신에 관한 부정적인 메시지를 오랫동안 보내왔지만, 이 목소리는 진리가 아니라 익숙한 것일 뿐이다.

생각을 관찰하는 일에 익숙해지면 내가 감정을 경험하는 방식이 더 명확히 이해될 것이며, 감정과 감정을 두고 엮어낸 이유를 분리할 수 있다. 우리가 느끼는 감정에 늘 이유가 있는 것은 아니다. 여기서 생기는 공허감을 견딜 수 없다면(어쨌든 우리는 의미를 만들어내는 존재이므로 이유가 없다는 것을 견딜 수 있는 사람은 많지 않다) 더 나은 이야기를 생각해보자. 나 자신에게 들려주는 이야기는 내가 관장할 수 있다는 장점이 있다. 낙관적인 이야기를 만들어보자. 그런다고 해서 사실이 되지는 않겠지만, 1장에서 말했듯 이왕 하는 상상이라면 기분 좋은 상상을 하자. 긍정적인 면에 더 집중하고 부정적인 면에 덜 집중할 수 있다면 내 생각을 이끌 수 있다.

> ✳ **일상의 지혜** ✳
>
> 머릿속에 끼어드는 생각을 심각하게 받아들일 필요는 없다. 내가 곧 그 생각이 되는 대신 그저 지켜볼 수 있으며, 그러면 대개 더 만족스러운 삶의 실마리를 얻을 수 있다.

극심한 신체이형장애는 대개 저절로 좋아지지 않는다. 치료하지 않고 방치하면 시간이 지나면서 더 심해질지도 모른다. 신체이형장애의 일반적 치료법은 인지 행동 치료와 항우울제 약물 치료다. 신체이형장애를 설명한 내용을 읽으며 공감이 갔다면 가까운 병원을 찾아 치료법을 문의하기를 권한다. 개인적으로는 일반적인 치료법은 아니지만 최면 요법을 추천한다. 당신이 만든 심리적 상처와 신체 사이의 연결 고리를 끊어내야 하기 때문이다.

트라우마를
처리하는 방법

어린 시절의 트라우마가 미치는 영향은 예전보다 훨씬 잘 알려져 있다. 안타깝게도 나는 트라우마에서 벗어나지 못한 이들의 사연을 많이 접하게 되는데, 이런 사연은 하나같이 마음을 울린다. 한 남성은 힘들었던 어린 시절의 기억에 여전히 시달린다며 마음이 절절히 느껴지는 편지를 보내왔다.

이제 더는 굳이 살고 싶지 않습니다. 저의 가치를 증명하는 데 엄청난 시간과 노력이 들기는 했지만, 저에게는 안정적인 직업이 있어요. 멋진 아내와 사랑스러운 아이도 있고 둘째도 곧 태어날 예정입니다. 하지만 저는 그저 마지못해 살고 있습니다. 올해 일어난 일 중에서 예측할 수 없었던 것이라고는 온 가족이 코로나에 걸린 것뿐이에요. 맞아요, 인생은 원래 힘든 것이니 그냥 참고 견뎌야겠지요.

저는 어렸을 때부터 이런 기분을 느꼈습니다. 분명 수백 번은 들어보셨을 이야기지만, 아버지가 떠나고, 새아버지가 온 가족을 학대하고, 엄마는 좀비가 되고, 여동생과 저는 고립감을 느끼는 경험을 했지요. 저는 완전히 사라져 버리거나(추운 날씨에 휴대폰도 없이 혼자 황량한 풍경에서 장작을 패는 상상을 합니다) 끔찍하게 폭력적인 일이 일어났으면(이를테면 차에 치일 수도 있겠지요) 좋겠다는 생각에 사로잡혀 있습니다. 어릴 적부터 품어온 또 다른 환상은 자살이지만, 경제적으로 부양해야 할 가족이 있다 보니 뒷전으로 밀려났습니다.

제가 존재하지 않았으면, 아니, 존재한 적도 없었으면 좋겠습니다. 제 삶 전체가 더럽혀졌고 잘못됐다는 느낌이 들어요. 아이들이 있어서 스스로 목숨을 끊지 못할 것은 분명하니 이러지도 저러지도 못할 뿐입니다. 아내는 심리치료를 받아보라고 권하지만, 심리치료에는 한계가 있을 것 같습니다. 상담을 받는다고 해서 제 삶이 덜 단조롭거나 더 보람 있게 느껴질지 의문입니다. 어쩌면 단조로움을 받아들이는 기술을 배울 수는 있을지도 모르겠네요. 어차피 언젠가는 죽는다는 사실을 위안 삼아 그냥 계속 살아가야 한다는 것을 받아들이고요.

　제 말이 전부 이기적으로 들린다는 것을 알지만(아이들이 우선이니까요!) 제가 정말 아무것도 느끼지 못한다면 아무리 원한다고 해도 어떻게 아이들을 우선시할 수 있겠어요? 시간만 죽이고 있는 느낌입니다.

사연자는 내가 전에도 비슷한 이야기를 들어봤으리라고 가정하며 자신이 겪은 트라우마는 많은 사람에게 일어나는 일이므로 별것 아니라고 말하고 있다. 하지만 자주 있는 일이 아니거나 세상을 떠들썩하게 하는 사건이어야만 트라우마가 되는 것은 아니다. 트라우마를 경험했다면 뇌의 감정적인 부분은 이성적인 부분이 설득하려 해도 자신이 인식하는 현실에서 빠져나오기 어렵다. 다른 감정을 느끼도록 자신을 '강요'할 수는 없으며, 그렇게 해로운 기억에 영향을 받는 것은 이기적인 것이 아니다. 다리가 부러진 사람에게 징징거리지 말고 참으라고 하지 않듯 트라우마의 후유증으로 괴로워하는 사람에게도 그렇게 말해서는 안 된다.

어머니가 '좀비' 같은 상태가 됐다는 묘사를 보면 어머니에게 해리 장애가 있었으며, 사연자도 같은 증상을 겪고 있을지 모른다는 생각이 든다. 삶이 무섭고 버거울 때 몸이 할 수 있는 일은 해리다. 몸과 마음이 단절되면 마치 나의 삶에 내가 존재하지 않는 것처럼 느껴진다. 뇌의 감정적인 부분은 충격적인 기억과 감각이 떠오르지 못하도록 계속 막는 과정에서 의식과 차단된다. 이성적인 부분은 일을 하러 가고, 돈을 벌고, 인맥도 관계도 잘 쌓을 수 있지만, 이런 일상을 느끼거나 제대로 인식할 여력은 없다. 감정과 차단되는 것은 유기와 학대를 견뎌내기 위한 신체적 반사 작용이다. 몸은 현실에 갇혀 있어도 정신만은 벗어날 수 있게 되는 것이다. 해리나 억압의 문제점은 모든 감정을 차단하지 않고 한 가지 유형의 감정에만 둔감해질 수는 없으며, 불행히도 이런 상태가 위협이 사라진 뒤에도 오랫동안 지속되는 경우가 많다는 것이다. 해리가 무엇인지, 해리가 일어나는 때를 어떻게 알아차릴 수 있는지 알기 전까지는 해리를 통제하기란 어렵거나 불가능하다.

몸이 해리되는 방식은 여러 가지이며 가능한 치료법의 유형도 다양하다. 그중 때로 권장되는 치료법으로 EMDR^Eye

Movement Desensitization and Reprocessing(안구 운동 민감 소실 및 재처리 요법)이라는 것이 있다. 이 치료법은 뇌의 감정적인 부분과 이성적인 부분을 다시 연결해 기억과 감각을 처리하도록 도와주어 감각이 나를 지배하는 것이 아니라 내가 감각을 통제할 수 있게 해준다. 경험을 억압하고 말(또는 그림)로 표현하지 않으면 나중에 어떤 계기로 그 시절이 떠올랐을 때 그때 느꼈던 것과 같은 감정을 느끼게 된다. 또는 같은 감정을 다시 경험할 위험이 있다고 느끼고 그때의 충격적인 기억이 마치 현실에서 일어나고 있는 것처럼 생생하게 되살아날지도 모른다. 당시 느꼈던 감정이 슬픔이나 수치심, 두려움이라면 사람에 따라서는 또다시 상처 입기 쉬운 상태가 되기보다 분노라는 감정으로 옮겨가기가 더 쉽다.

중요한 것은 트라우마를 과거의 일로 남겨두는 것이다. 그렇지 않으면 그 일이 여전히 일어나고 있는 것처럼 느껴질 수 있다. 예를 들어 전쟁 중에 밖에 나갔다가 폭탄이 터져서 부상을 입었고 이후로 그 경험을 마음속에서 억압했다면 전쟁이 끝나고 거리가 안전해졌는데도 집을 나서기가 여전히 매우 두려울 수 있다. 심지어는 외출이 두려운 이유가 더 이상 생각나지 않는데도 발이 떨어지지 않을지도 모른다. 밖에 나가는 것이 왜 안전하지 않은지 다른 이유를 강박적으로 생각해낼 가능성도 있다. 그때와 지금 사이에 거리를 두는 방식으로 경험을 처리한다면 과거에서 벗어나 현재를 더 충만하게 살 수 있다.

힘들었던 기억을 말로 계속 표현할 수 있을 만큼 용감해지면 그 기억을 점차 통제할 수 있게 된다. 연필을 쓸수록 심이 무뎌지는 것처럼 고통스러운 기억도 머릿속에서 꺼내 들여다볼수록 덜 무섭게 느껴진다. 그렇기는 하지만 트라우마를 관리할 수 있게 처리하는 것과 당시 경험을 돌이켜보며 트라우마에 다시 빠지는 것은 종이 한 장 차이다. 심리학자 월터 미셸이 발견한 내용에 따르면, 흔히 조언하는 것과 달리 트라우마에 관해 이야기한다고 해서 트라우마의 악영향이 반드시 줄어들지는 않으며, 이야기하는 방식이 잘못됐을 경우 오히려 더 심해질 수도 있다.

나는 내담자가 끔찍한 일을 떠올릴 때면 그날의 악몽으로 되돌아가지 않도록 나와 눈을 계속 맞추기를 권한다. 그러면 이번에는 상황을 통제할 수 있다는 사실을 깨닫는 데 도움이 된다. 일단 말로 표현할 수 있게 되면 트라우마는 마치 지금도 일어나고 있는 일처럼 생생하게 되살아나는 대신 과거 속으로 사라질 수 있다. 이 과정을 돕는 일은 엄밀한 과학이라기보다는 예술에 가까우며, 매번 효과가 있다는 보장은 없다. 미셸이 고안한 유용한 기법은 자신에게 일어났던 나쁜 경험을 마치 벽에 붙은 파리가 된 것처럼 관찰자의 시선으로 바라보며 3인칭 시점에서 글로 써보는 것이다. 이렇게 하면 고통스러운 사건으로부터 거리를 둘 수 있고, 자기 파괴적이지 않은 방식으로 더 숙고해볼 수 있어 트라우마의 영향이 줄어든다.

　보통 이별이나 아무 잘못 없이 부당한 대우를 받았다고 확신하는 상황과 같은 충격적인 사건에 관해 말할 때, 듣는 사람에게 강박적으로 느껴지는 말하기 유형이 있다. 자신이 받은 상처에 사로잡혀 똑같은 이야기를 반복하는 경우인데, 상처를 줄이기보다 키우는 것처럼 보일 수 있다. 이렇게 말하는 친구에게 넌더리가 나면 '우려먹고 있다'라고 말하게 될지도 모른다. 이것은 심리적으로 모기에게 물린 곳을 긁는 것과 같다. 긁는 것을 멈추지 않으면 계속 가려울 것이고 감염이 될지도 모른다. 해결책은 자기 인식을 키워서 생각에 휘둘리는 대신 생각을 이끄는 것이다. 그러면 한자리에 머물러 있는 대신 앞으로 나아갈 수 있다. 문제에 관해 이야기하는 것이 나쁜 것은 아니다. 꼭 해야 하는 것은 아니더라도 이야기를 나누면 도움이 되는 경우가 대부분이다. 하지만 트라우마와 거리를 두는 법을 배우지 않고 당시의 기억을 통제할 수 있는 힘을 기르지 못한 채 트라우마를 계속 되새기는 것은 도움이 되지 않는다.

나는 트라우마를 자꾸 들추어내면 도리어 해로울 수 있다는 월터 미셸의 말에 동의한다. 하지만 무작정 덮어두어도 극복하는 데 도움이 되지 않기는 마찬가지이므로 간단한 문제는 아니다. 트라우마에 관해 더 잘 알고 싶은 이들에게는 수십 년 동안 외상 후 스트레스 장애[PTSD]를 연구해온 권위자인 베셀 반 데어 콜크의 저서 《몸은 기억한다: 트라우마가 남긴 흔적들》을 적극 추천하고 싶다. 이 책은 트라우마가 몸에 미치는 영향을 설명하고, 트라우마 치료의 역사를 추적하며, 약물, 대화, 신체 요법 등 자주 쓰이는 치료법을 서술한다. 개인적인 이야기와 사례 연구가 담겨 있어 매우 쉽게 읽히는 책이다. 트라우마를 겪었고 여전히 후유증을 안고 살아가고 있다면, 다양한 치료법과 각각의 장단점을 알아두면 어떤 치료법을 선택해야 할지 잘 결정할 수 있어 유용할 것이다.

사연자처럼 아무것도 느끼지 못하겠고 계속 살아야 할 이유를 모르겠다면 이런 상태가 영원히 지속되지는 않는다는 점을 알아주었으면 한다. 과거에 받은 도움이 효과가 없었다고 해서 가망이 없는 것은 아니다. 그 도움이 당신에게 맞지 않았을 뿐이다. 아무리 절망적이고 암담한 감정이라고 해도 감정은 때로 는 아무것도 하지 않아도 지나간다.

최근에 아내가 자신을 떠나려 해서 자살 직전까지 갔던 남성 과 메일을 주고받은 적이 있다. 안 그래도 워낙 무기력한 상태 였기 때문에 자살 충동이 든 것이 아내 탓만은 아니었다. 그는 스스로 목숨을 끊은 뒤의 시점에 도착하도록 나에게 보내는 메 일을 예약 발송해놓았다. 메일을 받아본 나는 영국 자살 방지 단체인 사마리탄스Samaritans에 전화를 꼭 걸어보라는 말만을 적 어 서둘러 답장을 보냈다. 다행히도 그가 메일 예약 발송 시간 을 잘못 설정한 바람에 내 답장은 제때 도착했다. 그는 내가 답 장을 보냈다는 사실에 기분이 달라졌고, 문득 눈에 들어온 고장 난 창문 걸쇠를 수리하며 오후를 보냈다고 한다. 나에게 답장을 보냈을 때는 자살 충동이 이미 사라진 뒤였다. 우울증까지 사라 진 것은 아니었지만, 단순한 메일 한 통이 창문 걸쇠를 고치며 그날 오후를 살아낼 목적과 의미를 찾을 수 있을 정도의 기운을 주었고 덕분에 그가 향하던 방향에서 벗어날 수 있었다.

나는 답장을 다시 보내 나를 위해서라도 병원에 진료 예약을 잡고 지금 심정과 자살 시도에 관해 의사와 이야기를 나누어보 라고 부탁했다. 그런 다음 의사에게 어떤 말을 들었는지도 알려달라고 청했는데, 다행히도 얼마 지나지 않아 소식을 들을 수 있었다. 그는 동네 보건소에서 첫 진료를 받았고, 그곳에서 국민보건서비스NHS, National Health Service가 운영하는 지역 내 긴급 상담 전화번호와 헬시마인즈Healthy Minds*라는 기관을 소개받았다고 했다.

이 사례는 힘든 순간도 지나갈 수 있다는 것을 보여준다. 그가 위험에서 벗어났다는 말이 아니지만 계획보다 일찍 보낸 메일에 내가 우연히 바로 답장한 덕분에(나로서는 매우 드문 일이다) 그는 지금도 여전히 살아 있다. 그리고 알아채셨겠지만 내가 한 일은 전혀 특별한 것이 아니다. 사마리탄스에 전화를 걸어보라고 권했으나 결국 그는 그렇게 하지도 않았으므로 조언 자체가 중요한 것은 아니었다. 변화를 만들어낸 것은 내가 한 말이 아니라 메일을 주고받는 것과 같은 작은 교감이었으며, 무엇보다 힘든 순간은 지나가기 마련이다. 어둡고 암울한 순간에 처해 있다면 24시간 상담을 받을 수 있는 사마리탄스**에 연락해보기를 바란다. 그 순간은 지나갈 것이다.

*   우리나라의 정신건강복지센터에 해당하는 공공 정신 건강 증진 기관이다.
** 우리나라에서는 보건복지부 자살예방상담전화(109)와 사회복지법인 생명의전화(1588-9191)에서 24시간 전문가의 상담을 받을 수 있다.

충족감
찾기

우리가 인생에서 결정을 내리는 기준은 크게 두 가지다. 내면에서 느끼는 감정과 그와 반대로 자신과 타인에게 외적으로 어떻게 보이는지다. 나는 이 두 가지 요인을 내적 기준^{internal reference}과 외적 기준^{external reference}이라고 부른다. 이 둘은 때로 상충하기도 한다. 충족감을 찾으려면 가치 있어 보이는 일일지라도 단순히 외적으로 보이는 것을 기준으로 삼기보다는 내면의 감정을 더 많이 고려해 결정해야 한다. 아래는 이 둘을 조화시키는 데 어려움을 겪고 있는 교사가 보내온 사연이다.

우리는 왜 직업으로 사람을 정의할까요? 사람들의 시선이 제 삶을 제한하고 있는지도 모르겠다는 생각이 듭니다. 누군가를 만나 가벼운 대화를 나눌 때면 이야기는 매번 "그래서 무슨 일을 하세요?"라는 질문으로 흘러가니까요. 지금은 이 질문에 바로 대답할 수 있습니다. 저는 교사입니다.

교사로 일하면서 얻는 만족감이 있기는 하지만, 학생들의 교육뿐만 아니라 복지까지 두루 살펴야 하는 정신적 부담이 늘고 있고 직장 일과 가사를 병행하는 것도 힘이 듭니다. 그래서 교사를 그만두고 정신적으로 덜 고된 일을 하고 싶다는 생각을 자주 합니다. 문제는 저 역시 지난 20년 동안 교사라는 직업으로 저를 정의해왔다는 것입니다. 전문직이 아닌 직업으로 저를 설명해야 한다면 그 상황을 어떻게 용납할 수 있을까요? 제가 "마트에서 진열 일을 해요" 또는 "강아지 돌봄 센터에서 일해요"라고 말하는 모습은 상상도 할 수 없는데 말이에요. 아버지와 상의하려 하면 아버지는 "나는 사람들에게 네가 선생님이라고 말하는 게 좋아서 실망스러울 것 같다"라고 말씀하십니다.

저도 제 아이들에게 커서 어떤 일을 하고 싶은지 물어봤을 때 아이들이 전문직 쪽으로 기울면 저도 모르게 더 많은 지지를 보냈던 것 같지만, 이제는 아이들이 행복하기만을 바랄 뿐입니다. 교사라는 이름표를 떼고 그저 저답게 살 용기를 찾으려면 어떻게 해야 할까요? 그리고 어떻게 하면 딸들에게도 이런 생각을 심어줄 수 있을까요?

우리는 대개 현재의 만족보다는 이력서상으로 좋아 보이는 일에 집중하며 옳은 일을 하는 것처럼 보이기 위해 열심히 노력한다. 어떤 일을 할지 선택할 수 있는 상황이라면 실제로 그 일을 할 때 기분이 좋은지가 중요하다. 나는 그것이 단순히 그 일을 한다는 생각이 마음에 드는 것보다 더 중요하다고 생각한다. 그저 나와 남의 눈에 좋아 보여서가 아니라 내가 느끼는 기분도 좋다는 것이 만족감의 이유여야 한다.

사연자에게 공감하는 분들에게는 내적 기준(내가 느끼는 기분)을 더 고려하고 외적 기준(남에게 비치는 모습)을 덜 고려하는 법을 배우라는 조언을 드리고 싶다. 외적인 대상을 기준으로 삼는 것이 전부 나쁘다는 말은 아니다. 반대쪽으로도 너무 치우칠 수 있다. 타인에게 어떻게 비치는지는 전혀 신경 쓰지 않고 자신만을 만족시키려 한다면 우리가 속한 문화에 필요한 적응을 하지 못할 수도 있다. 하지만 일반적으로 말해 우리가 내리는 결정은 겉으로 보이는 모습보다는 자신이 느끼는 감정에 바탕을 더 두어야 한다. 상식처럼 들릴 수도 있는 이야기를 이렇게 자세히 설명하는 이유는 말로 표현할수록 대처하기가 더 쉬워지기 때문이다.

우리가 집착하는 지위의 상징은 보편적으로 인정되는 것이 아니다. 법조계 밖 사람들은 대부분 '판사'라는 말만 듣기 때문에 판사 중에서도 지방법원 판사인지, 고등법원 판사인지, 항

소법원 판사인지는 별로 의미가 없다. 직함이나 고용 조건이 다르다고 해서 상대를 낮추어볼 사람도 많지 않으며, 구직 중이라고 해서 나의 가치가 떨어지는 것도 아니다. 외부 사람들에게는 이런 구분이 중요해 보이지 않는다.

직업뿐만 아니라 관계에서도 겉보기에만 괜찮으면 된다고 생각하며 불행한 상황에 머무는 경우가 있다. 나에게 사연을 보내왔던 한 젊은 여성은 전 남자 친구에게 이별을 통보받았다고 절망하면서도 같은 편지에서 두 사람의 관계가 소원했고, 서로 흠을 잡기 일쑤였으며, 성생활이 '늘 만족스럽지 못했다'라고 묘사했다. 하지만 사연자의 가족은 두 사람이 '얼마나 행복해 보이는지' 자주 언급하곤 했다고 한다. 왜 이것으로 충분해야 할까? 그래서는 안 된다. 일반적으로 여성들은 충족감이 남편과 자녀에게 달려 있으며, 다른 영역에서는 진정한 행복을 찾을 수 없다는 말을 듣는다. 가정을 꾸리는 것이 곧 행복이라는 이런 생각은 많은 사람의 무의식에 깊숙이 자리 잡고 있을 것이다. 어린 시절에 주입된 대로 언젠가 왕자가 와서 자신을 마법의 성으로 데려다주리라는 꿈에 동화된 여성을 탓하지는 않는다. 하지만 이런 생각은 내사introject일 뿐이다(내사란 문화적 태도나 타인의 태도를 무의식적으로 받아들이고 그것이 자신의 고유한 태도라고 여기는 것이다).

　이런 생각에서 벗어나 충족감을 찾으려면 행복이 어떤 모습이어야 하는지 암시되거나 들어온 모든 이야기를 검토해봐야 한다. 그런 다음 개인에게 맞는 것만 다시 취하면 된다. 정말 좋은 것은 이것이 불확실성과 호기심이 가득한 흥미진진한 여정이 되리라는 점이다. 어쩌면 자신이 발견한 것에 놀라게 될지도 모른다. 나는 한 의대생이 보내온 아래 사연을 보며 이 점을 떠올렸다.

　제가 의학 공부를 좋아하는 이유는 사람들을 돕고, 그들의 삶에 영향을 미치고, 변화를 만들고 싶어서입니다. 의사가 되면 사회의 유용한 구성원이 될 기회가 많다고 생각합니다. 나중에 종사하게 될 분야인 만큼 의학은 제가 인생에서 중요하다고 생각하는 것 중에 최우선 순위에 듭니다. 사람들의 삶에 큰 영향을 미치는 대단한 일이니까요. 하지만 그렇게 중요하다고 생각하는 의학과 거리가 느껴지는 것은 왜인지 모르겠습니다.

　어쩌면 제가 다 망쳐버릴지도 모른다는 생각도 듭니다. 가을이면 임상 실습을 돌기 시작할 예정이라, 원래는 여름에 병태생리학을 공부하고 싶었습니다. 저는 영어, 독일어, 프랑스어, 기하학, 생물학 등 많은 것을 스스로 공부했고, 배우는 과정이 늘 즐거웠어요. 하지만 전공과목을 공부하려고 책상 앞에 붙어 있는 것은 못 하겠습니다. 공부하고 싶다는 욕구는 있지만… 글쎄요, 그냥 안 하게 됩니다. 알아야 할 내용을 절대 다 알 수 없을 것 같고, 지식이 늘 부족할 것 같아요.

모든 것이 너무 심각하고 사활이 걸린 상황처럼 느껴지니 공부가 즐겁지 않습니다. 의학을 중요하고 심각하고 위험하고 무겁게만 보지 않을 방법이 있을까요? 어떻게 하면 전공 공부가 재밌고 즐겁고 유쾌하게 느낄 수 있을까요?

대부분 사람에게는 의지력Willpower과 내면의 반항아Inner Rebel라는 하위 인격subpersonality이 있다. 의지력이 말을 관장한다면 내면의 반항아는 행동을 관장한다. 우리는 의지력이 무엇을 원하며 내면의 반항아가 무엇을 원하지 않는지는(아무리 '나에게 좋다고' 해도 지루하거나 따분하게 느껴지는 모든 것) 알고 있을 때가 많지만, 내면의 반항아가 원하는 것이 무엇인지는 잘 알지 못한다. 우리는 내면의 반항아를 더 잘 이해해야 하며, 그렇지 않으면 내면의 반항아는 하기 싫은 일을 피하려고 핑계를 늘어놓기만 할 것이다.

여러 연구 결과에 따르면 청장년층보다 노년층이 대체로 삶의 만족도가 높다고 한다. 삶의 끝자락에 가까워지기 시작하면 앞날에 관한 고민이 너무 많던 젊은 시절처럼 미래에 많이 집중하지 않으므로 만족감을 더 느낀다. 남은 날이 한정되어 있다는 사실을 알기 때문에 현재를 살며 하루하루를 최대한 활용하려 한다. 이것은 이미 일어난 일 또는 아직 일어나지 않은 일보다는 지금 이 순간에 집중하며 살라는 우리 모두를 위한 교훈이다. 심리치료사 수련을 받을 때 사람들이 자주 하던 말이 있다. "한 발은 과거에, 한 발은 미래에 걸치고 있다면 현재에 오줌을 싸고 있는 것과 같다."

물론 어느 상황에나 다 맞는 말은 아니다. 계획을 전혀 세우지 않는다면 삶에 체계가 없을 것이고, 장을 보지도 않을 테니 냉장고에 먹을 음식도 없을 것이다. 학생일 때는 하기 싫더라도 의지력을 발휘해서 숙제를 해야 더 나은 생활 습관을 기를 수 있어서 좋다. 하지만 미래를 늘 계획하고 걱정하는 습관에서 벗어나 현재를 즐기는 것이 자족감에 이르는 길일 수 있다는 점을 이해하는 것이 중요하다. 나이가 들고 쇠약해지면 나에게 기쁨과 충족감을 주는 것이 무엇인지 깨닫게 되는데, 이것은 대체로 관계일 때가 많다. 여기에는 가족이나 친구, 이웃, 가게 주인 등 타인과 맺는 관계뿐만 아니라 오래된 책이나 그림, 소유물, 생각과 맺는 관계도 포함된다.

사랑이 주는 설렘이든, 약간의 여가 활동이든, 내면의 반항아가 정확히 무엇을 원하는지 파악해서 타협을 보라. 그렇지 않으면 몸은 반란을 일으킬 것이다. 일하는 일정만큼이나 노는 일정을 잡는 데도 신경을 써야 한다는 뜻이다. 20세기 최고의 바이올린 거장 예후디 메뉴인은 이렇게 말했다. "정말 하고 싶고 좋아하는 일이라면 날마다 해야 한다. 마치 새에게 나는 것이 쉽고 자연스러운 일이듯 말이다. '아, 오늘은 피곤해서 날지 않을 거야'라고 말하는 새를 상상할 수 있겠는가."

우리는 의사나 교사, 여자 친구, 아버지 같은 역할에 불과한 존재가 아니다. 내가 맡은 역할에 관한 생각과 그 역할에 부여한 의미에 사로잡혀 나라는 사람을 지워버리지는 말자. 주변 사람들에게 필요한 것은 그저 역할을 연기하는 사람이 아니라 공감할 수 있는 진짜 사람이다. 나의 욕구가 내적 기준에서 왔는지 외적 기준에서 왔는지 관심 있게 들여다보자. 의지력이 원하는 것이 무엇이며 그 이유는 무엇인지, 내면의 반항아는 또 무엇을 원하는지 파고들어 보자.

> ✳ **일상의 지혜** ✳
>
> 내적 기준을 더 고려하고 외적 기준을 덜 고려하는 법을 배우라.
> 내가 하고 싶다는(좋아하고 즐긴다는) 것만으로도 시간을 투자할
> 충분한 이유가 된다.

머리와 가슴 중에 하나를 택하지 않아도 된다. 둘 다 가질 수 있다. 머리는 가슴이 하는 말을 듣고 결정을 내리거나 내리지 않을 때 참고할 수 있다. 내가 원하는 것이 무엇인지 알아내려면 머리와 가슴이 하는 말을 모두 귀담아들어야 한다. 현재에 집중하고, 이런저런 경험을 하며 어떤 감정이 드는지 자문하고, 행복을 가져다주리라고 생각하는 외부의 대상이 아닌 내면의 감정을 지침으로 삼으며 자신에 관해 알아나가야 할 것이다.

충족감을 찾는다는 것은 머리와 가슴 사이에서 타협점을 찾는 것과 같다. 겉으로만 좋아 보이는 직업이나 상황에 갇혀 있다면 3장을 다시 읽으며 방향을 바꾸기에 너무 늦은 때란 없다는 점을 떠올려보기를 바란다.

인생의
의미 찾기

1946년에 출간된 빅터 프랭클의 《죽음의 수용소에서》에는 아내가 세상을 떠난 뒤 혼자만 살아 있다는 것을 견딜 수 없어 프랭클을 찾아온 남성의 이야기가 등장한다. 프랭클이 남성이 먼저 죽고 아내가 더 오래 살아야 했다면 어떻게 됐을 것 같은지 묻자, 남성은 아내에게 끔찍한 일이었을 거라며 아내가 너무 고통스러워했을 것이라고 대답한다. 그러자 프랭클은 그가 느끼는 고통은 아내가 그런 고통을 면했다는 뜻이며, 그 대가로 아내를 먼저 떠나보내고 애도하고 있는 것이라고 지적한다. 고통은 의미를 찾는 순간 더 이상 고통이 아니다. 프랭클은 남성의 아내를 되살리지는 못했지만, 그가 자신의 고통을 대하는 태도를 바꾸는 데는 성공했다.

프랭클은 책에서 "왜 살아야 하는지 아는 사람은 어떤 상황도 견뎌낼 수 있다"라는 프리드리히 니체의 말을 인용하기도 한다. 니체를 비롯한 실존주의 철학자들은 인생은 무의미하며 우리가 할 일은 이 사실을 받아들이는 것이라고 주장한다. 우리는 대개 소멸의 공포와 허무의 절망을 덜고자 죽음에서 의미를 만들어 무의미의 문제를 해결하려 한다. 종교에 따라서는 환생이나 영생 또는 솜털 같은 구름 위에 앉아 하프를 타는 삶을 약속하기도 한다. 어떤 사람들은 "나는 죽는 게 두렵지 않아"라고 부정하려 들지도 모른다. 정말 두렵지 않은지 물으면 "그럼, 죽으면 죽는 거고 그러면 끝인 거지"라고 말한다. 진심인지 재차 물으면 "물론 가족이 모두 먼저 떠나고 나만 살아남는다면 혼자가 되는 것이 무섭겠지만, 아니, 죽음은 두렵지 않아"라는 말로 대답할 것이다. 이들에게는 이런 질문을 던져볼 수 있다. "그러면 차 브레이크가 말을 안 듣거나 롤러코스터를 탈 때는 왜 비명을 지르는데?" 우리가 비명을 지르는 것은 아무리 합리화하거나 부정하며 마음을 다잡으려 노력해도 인간은 선천적으로 죽음을 두려워하기 때문이다.

우리가 할 수 있는 유일한 일은 죽음에서 의미를 찾는 것이다. 철학이나 종교에서 이미 만들어놓은 의미를 빌려올 수도 있고 자신만의 새로운 의미를 만들 수도 있다. 나는 죽으면 나의 작은 일부가 다른 사람들 안에서 계속 살아가리라고 생각한다. 내가 사랑했던 사람들이 그 사랑을 마음속에 간직해주기를 바라기 때문이다. 이것은 모두 의미를 만들어내는 작업이다. 내가 느끼는 감정을 토대로 하고 있지만, 위안을 얻으려고 아무

근거도 없이 만들어낸 것이기도 하다. 공격받기 쉽고, 진부하게 들리고, 있을 법하지 않은 실낱같은 희망에 불과한 이야기라 이런 생각을 입 밖으로 꺼낼 때면 부끄럽기는 하지만, 증명할 수 없는 신념을 가진 많은 사람이 그렇듯 나도 비이성적으로 방어적인 태도를 보이게 된다.

죽음을 앞둔 케이트가 보내온 아래 사연을 보면 그에게 무엇이 중요한지 알 수 있다.

선생님의 도움이 필요합니다. 사실 정확히 말하면, 여성 심리치료사의 도움이 필요해요. 지금 심리치료사도 더할 나위 없이 좋은 분이고 마흔세 살에 빌어먹을 암 진단을 받은 뒤로 3년 동안 그분께 많은 도움을 받았지만, 제가 하고 싶은 것이 꽤 여자다운 일이라 그런지 제 이야기를 듣더니 "그건 여성분들이 하시는 생각"이라더군요.

간단히 말하자면 저는 다정한 남편과 행복한 결혼 생활을 하고 있습니다. 제가 낳은 아이는 없고, 스물네 살 된 아이의 못된 계모이지요. 눈코 뜰 새 없이 바쁘게 일하던 중에 끔찍한 암 진단을 받았고요. 항암 치료도 많이 받고 울기도 많이 울었답니다. 예후는 좋지 않아요. 그래도 힘을 내서 살아가고 있고,

지금은 런던으로 여행을 가는 길에 호텔에서 이렇게 편지를 쓰고 있습니다. 죽음을 꽤 담담히 받아들이고 있지만, 떠날 날 이 너무 빨리 다가온다는 것이 안타깝기는 합니다. 끝까지 버 티는 것도 고통스러운 일이고요.

저는 곧 과거가 될 제 삶을 저세상에서도 관리하고 싶은 욕 구가 있습니다. 마치 결혼식을 계획하듯 장례식장에 어떤 음 악을 틀면 좋을지, 어떻게 하면 모든 조문객을 만족시킬 수 있 을지 상상에 잠기곤 해요. 지금 저는 억지로 집 밖으로 끌려 나와 현관문을 열어놓고 다음에 무슨 일이 일어나는지는 신경 쓰지 말라고 강요받고 있는 기분입니다. 당장 같이 사는 고양 이부터 도망치겠지요. 우리 집 양반은 문을 닫고 다니는 법이 없으니까요.

예민한 남편이 죽어가는 저를 지켜보는 모습을 보자니 괴 로워서 견디기 힘들지만, 한편으로는 남편과 보내는 시간이 즐거워서 이 세상 소풍을 마치고 싶지 않다는 생각도 듭니다. 남편은 제가 죽고 나서도 어떻게든 '곁'에 있어주기를 무척 바 라는 것 같아요. 저도 정말 그러고 싶고요. 어쩌면 제 질문의 답을 찾은 것인지도 모르겠네요.

친구에게 40년 치 생일 카드를 맡겨놓고 남편에게 매년 카

드를 보내달라고 부탁해야 할까요? 도움이 될 만한 책을 한 상
자 남겨야 할까요? 저세상에서 보내는 애정 어린 편지와 격려
의 말은 어떨까요? 남편이 재혼하면 미래의 부인은 어떻게 생
각할까요? 사용 설명서가 있으면 좋기는 할 거예요, 남편은 복
잡한 사람이거든요.

　품위 있게 생을 마감하려면 어떻게 해야 할까요? 죽고 나
서도 이렇게 소소한 것까지 챙기는 사람을 만나보신 적이 있
나요? 세상에, 정말 터무니없는 생각이 아닌가 싶기도 하네요.

다정한 편지를 보내 죽음을 의연하게 받아들이는 법을 가르
쳐준 사연자 케이트에게 감사한다.

　전혀 터무니없는 생각이 아니다. 케이트는 질문의 답을 스스
로 찾았고, 나 역시 케이트의 교훈을 마음속에 새기고 있다. 나
는 남겨질 이들을 위해 책과 일종의 설명서, 쪽지, 생일 카드를
준비한다는 발상이 마음에 든다. 그 결과물은 예술이자 사랑의
유산일 것이다. 케이트가 생의 마지막 순간에 깨달은 것은 인생
에서 가장 중요한 것, 그러니까 삶뿐만 아니라 죽음에도 의미를
부여하는 것이 바로 관계라는 사실이었다. 남편과 딸, 그리고
고양이를 향한 사랑 말이다. 나도 생각하면 할수록 인생에서 관

계가 가장 중요하다는 것을 깨닫게 된다. 죽음을 세심하게 관리하고 싶어 하는 케이트의 소망에는 관계를 소중히 여기고 고마워하는 마음이 담겨 있다.

우리는 케이트에게 무엇을 배울 수 있을까? 케이트의 죽음은 남편에게 굉장히 힘든 일이 되겠지만, 아름다운 장례식 덕분에 슬픔을 견디기가 조금은 수월할 것이다. 익숙한 화장지가 있는 것도 도움이 될 것이다. 엄마가 돌아가시고 나서 일상이 필요 이상으로 달라지지 않기를 바랐던 우리 아버지는 엄마가 사던 화장지의 브랜드를 알고 싶어 하셨다. 상실의 슬픔에 빠져 있을 때는 이처럼 사소해 보이는 것도 그리 사소하게 느껴지지 않는다. '통제하려 드는 것'과 계획을 세우는 것이 항상 나쁜 것은 아니다. 케이트가 정리한 목록과 설명서, 책은 남편과 딸에게 지침이 되어줄 뿐 아니라 케이트와의 추억을 간직할 수 있게 해줄 것이다. 정신분석가 도널드 위니컷은 부모가 아이 품에 안겨주는 곰 인형을 이행 대상transitional object이라고 불렀는데, 이런 이행 대상이 있으면 상대의 곁에 있어줄 수 없을 때도 우리의 존재를 떠올리게 할 수 있다.

안타깝게도 케이트는 암을 이겨내지 못했다. 나는 케이트가 세상을 떠난 뒤 그의 남편에게 편지를 보냈고, 아내가 쓴 카드

는 아직 찾지 못했으나 자신을 위해 남겨둔 다른 물건들을 발견
했다는 답장을 받았다. 마음을 다스리는 데 도움이 되는 책들과
자신을 향한 애정을 담은 쪽지들이 숨겨져 있었다는 것이다. 세
상을 떠난 아내가 남긴 선물들은 남편의 이행 대상이며, 남편은
분명 이 선물들을 소중히 여기고 고마워할 것이다. 나는 이 모
든 것이 케이트에게도 이행 연습이었다고 생각한다. 덕분에 살
아 있는 동안에는 죽음이 갑작스럽게 느껴지지 않았고, 세상을
떠난 지금은 케이트를 추억할 수 있는 구체적인 물건이 남아 있
으니 말이다. 우리는 모두 남은 삶을 더 견딜 만하게 하고 죽음
에 의미를 부여하기 위해 할 수 있는 모든 일을 해야 한다.

케이트의 편지와 대조되는 다음 사연은 인생에 의미가 없다
고 느끼면 절망감에 휩싸일 수 있다는 것을 보여준다.

저는 일주일에 한 번씩 상담을 받고 있습니다. 하지만 부끄럽
게도 절망감에서 헤어나지 못하고 있어요. 비참하고 부질없는
삶에 갇혀 있는 느낌입니다. 저는 일이 싫습니다. 다른 사람의
일정에 맞춰야 하는 것도, 의미 없는 메일을 보내는 것도, 의
미 없는 회의에 참석하는 것도 싫어요. 9시부터 5시까지 일해
야 하는 것도 싫고, 출퇴근 시간이 긴 것도 싫고, 휴가를 쓰려

고 허락을 구해야 하는 것도 싫습니다. 그저 자고, 일하고, 자고, 일하는 일상의 반복입니다.

저는 화단 하나 없고 시끄러운 이웃만 있는 집에 삽니다. 굶어 죽거나 살 곳을 잃을 일은 없겠지만, 그렇다고 해서 휴가를 떠나거나 외식하거나 옷이나 책을 살 여유가 있는 것도 아닙니다.

제 가족과 친구들은 정말 좋은 사람들입니다. 저를 사랑해주는 애인도 있고요. 하지만 저는 너무도 불행하기만 합니다. 가까운 사람들에게 어떻게 이런 말을 꺼낼 수 있겠어요? 어쩔 줄 모르고 그저 울어대며 심통을 부리는 아이가 되어버린 기분입니다. 이 세상을 어떻게 살아가야 할지, 어떻게 하면 행복해질 수 있을지 모르겠어요.

살다 보면 불행할 때가 있기 마련이다. 불행하다고 해서 부끄러워하며 이중으로 고통받을 필요는 없다. 대부분 부모는 자녀가 불행한 것을 견디지 못하기 때문에, 부모는 그럴 의도가 없었다고 해도 그 아래에서 자라난 자녀는 슬퍼하는 제 모습을 용납하지 못하게 될 수 있다. 성장 과정에서 슬픈 감정을 표현했을 때 주변 사람들이 진지하게 받아들이지 않았거나 스스로 부끄럽게 여겼다면 어른이 되어서 슬픔과 함께하는 법을 배우기는 더 어렵다.

나는 삶을 더 의미 있게 사는 데 필요한 경종 역할을 하는 힘든 감정을 기꺼이 받아들여야 한다고 생각한다. 어렸을 때 생각했던 인생의 의미는 나이를 먹으면서 바뀌어야 할 필요가 있고, 이런 변화는 감당하기 어려운 위기나 감정을 마주했을 때 갑자기 일어나는 경우가 많다. 힘든 감정이 들면 신경안정제를 복용해야 한다고 주장하며 이의를 제기하는 사람도 있겠지만, 나는 정신과 약물을 써야 할 때가 있기는 해도 약물 치료가 첫 번째 선택지가 되어서는 안 된다고 믿는다. 인생을 최대한으로 활용하기 위해 변화할 마음이 생기려면 먼저 제 감정에 귀 기울이는 것이 중요하다.

프랭클은 인생을 살 만한 가치가 있게 만들려면 저마다 자신만의 고유한 의미를 찾아야 한다고 믿었다. 나에게 무엇이 의미를 주는지는 어떻게 알아낼 수 있을까? 멕시코에 사는 한 청년이 보내온 사연이 떠오른다.

저는 곧 서른세 살이 됩니다. 멕시코의 아주 작은 마을에서 혼자 월세로 살고 있고요. 결혼은 안 했고 아이도 없습니다. 집에서 일하며 공과금을 내고 대출금을 갚을 수 있을 정도로만 돈을 벌고 있어요. 일 자체는 쉽지만, 정말 하기 싫은 일입니다.

저는 살아남아야 한다는 일념으로 지난 10년을 보냈습니다. 해로운 가족과 위험한 동네를 벗어날 방법을 찾는 데 집중했어요. 건강도 나빠지고 하루하루가 절망스러웠습니다. 지금은 그때보다 평온하고, 여유도 늘어나고, 건강도 좋아지고, 저를 위한 시간도 많아졌지만, 여전히 마음이 편치 않고 그런 날이 오기는 할지 의문이 듭니다.

저는 살면서 이렇다 할 일을 해본 적이 한 번도 없습니다. 여행도 안 해봤고 집도 차도 없습니다. 대학교에 갈 형편도 못 되었고요. 친구나 애인도 없습니다. 책을 읽기는 해도 '진지한' 독자는 못 되고, 음악을 듣기는 해도 잘 알지는 못합니다. 잘하는 것도 아무것도 없습니다.

동창들을 보면 학창 시절에 공부를 잘 하지 않았는데도 단순한 삶에 만족하는 것 같은 친구들이 있습니다. 큰 포부 없이 작은 사업체를 운영하며 아이를 키우는 친구들도 있지요. 저는 어렸을 때 2년 동안 할머니와 함께 살았던 시절을 떠올리곤 합니다. 제 인생에서 가장 행복한 시절이었습니다. 안전하고 사랑받는다는 느낌을 받았고 하루하루가 모험이었어요. 저는 더 살아 있다는 느낌을 받고 싶습니다. 제 인생에 의미가 있다는 느낌도요. 아무것도 이루지 못한 채로 서른세 살이 되고 싶지는 않습니다.

사연자는 어린 시절에 높은 수준의 내적 스트레스에 익숙해졌던 것 같다. 스트레스의 원인이 사라지면 불안과 권태, 무상감이 생겨날 수 있다. 사연자가 이런 감정을 느끼는 것은 당연하고 자연스러운 일이다. 속도를 늦추고 주변을 돌아볼 여유가 생기면 어딘가 허한 느낌이 찾아올지도 모른다. 실존적 공허 existential void라고도 불리는 이 공허감은 많은 사람에게 다소 공포스럽게 느껴질 수 있다. 우리는 실존적 공허가 주는 불편한 감정을 조금도 느끼지 않으려고 휴대폰 화면을 넘기거나, TV를 틀거나, 노트북을 열고 일을 다시 시작한다. 하지만 불편한 감정을 두려워하는 대신 기꺼이 받아들이기를 권하고 싶다. 공허감을 온전히 느끼다 보면 읽고 싶거나 만들고 싶은 것 또는 만나고 싶은 사람이 떠오를 수도 있다.

> ⁕ **일상의 지혜** ⁕
>
> 실존적 공허는 버스에서 내려서 다음 버스를 기다리는데 버스가
> 오기는 할지, 온다면 어디로 가는 버스일지 모르는 것과 비슷한
> 느낌이다. 버스는 결국 늘 나타나니 당황하지 말자.

　　공허감을 마주하는 것 자체로도 큰 도움이 될 수 있지만, 공허감을 즉각적인 만족감을 주는 대상으로 채우는 대신(장기적으로는 만족스러운 경우가 드물다) 새로운 생각을 하거나, 무언가를 만들거나, 사람들과의 관계를 다지는 기회로 삼아보면 좋다. 비유적으로 말해, 실존적 공허라는 정원을 가꾸어보면 좋겠다. 정원을 잡초가 없는 상태로 유지하되 그 안에서 어떤 일이 일어나는지 지켜보는 것이다. 실존적 공허를 새로운 것을 길러낼 수 있는 새로운 땅으로 생각하자. 무언가를 심었는데 아무것도 자라나지 않았다면 그래도 괜찮으니 다른 것을 심어보자. 내가 어떤 사람이고 나에게 무엇이 필요한지 알아내는 것은 평생의 과제이므로 마음껏 실험해도 좋다.

　　전 세계를 누비며 문제를 해결하는 사람이 되어야만 자신의 존재를 정당화할 수 있는 것은 아니다. 우리는 존재만으로도 충

분하다. 어떤 사람들은 업적이나 성과를 떠나 자신을 가치 있게
여기는 것을 어려워한다. 자라면서 이것이 중요하다고 배웠다
면 특히 더 그렇다. 치열한 삶에 익숙해져 있어서 평온한 상태
를 정체된 상태와 동일시하며 가치가 없다고 여길지도 모른다.
또는 아드레날린 없이는 완전히 살아 있다고 느끼기 힘들 수도
있다. 아드레날린 중독자들은 대개 흥분을 느끼지 못하면 무기
력한 기분에 빠지지만, 숨 쉬고, 만지고, 맛보고, 냄새를 맡는
느낌에 집중하는 법을 배우면 살기 위해 모험을 할 필요는 없다
는 사실을 서서히 깨닫게 된다. 우리가 성장 과정에서 할머니의
사랑 같은 보살핌만을 경험했다면 사연자의 오랜 학교 친구들
처럼 작은 사업체에 만족하고 어린 시절에 받은 사랑을 전하며
살아가는 사람이 더 많을 것이다.

"일과 잠 사이에는 자신만의 시간이 찾아온다. 그 시간을 어
떻게 보낼 것인가?" 영화감독 험프리 제닝스의 1939년 작 〈여가
시간Spare Time〉을 보면 시인 로리 리가 도입부에서 이런 질문을
던진다. 사람들이 하는 활동은 매우 다양하다. 오스트리아 빈
의 유리 공예품부터 우연히 발견한 다른 사람의 쇼핑 목록까지
온갖 것을 수집하는가 하면 자유형이나 중국 서예처럼 다양한
것을 배우기도 한다. 뜨개질이나 낚시, 등산을 하거나 아마추

어 연극에 참여하기도 하며, 연습하다 보면 더 잘하게 된다. 무언가에 능숙해지고 새로운 것을 배운다는 것은 좋은 일이다. 몸과 더 조화를 이루고, 마음과 더 교감하며, 세상과 더 연결된 느낌을 받을 수 있기 때문이다. 그리고 이처럼 꼭 해야 하는 일이 아닌데도 좋아하는 활동에서 얻는 가장 중요한 가치는 목적과 의미일 것이다. 인생에 이 두 가지가 있다고 느끼면 쉽게 우울해지지 않는다.

1938년 미국 하버드대학교 의과대학 성인 발달 연구소는 건강하고 만족스러운 삶에 필요한 요소를 알아내기 위해 하버드대학교 학부생 268명(이 글을 쓰는 시점에도 19명이 생존해 있다)의 신체적, 정신적 건강을 추적하는 종단연구를 시작했다. 세계 최장기간 행복 연구로 잘 알려진 이 연구는 대상자들을 85년 동안 추적해왔으며, 원래 대상자들의 자녀들까지 연구 대상을 확대했다. 현재 대상자는 총 1,300명에 이르며 대부분은 60~70대이다. 연구소가 그동안 수집한 방대한 데이터에 따르면 한 가지 분명한 사실은 인간관계에서 만족감을 느끼는 사람들이 신체적으로도 훨씬 더 건강하다는 것이다. 사람들과 친밀히 교류하면 더 오래 살고 자족감을 얻는 데 도움이 된다. 몸을 돌보는 것도 중요하지만, 관계를 돌보는 것 역시 매우 중요한 자기돌봄의 형태다. 우리는 누구나 살면서 관계의 실패를 경험한다. 그렇다고 해서 자신을 비난하거나 포기하지 말고 실패에서 배우며 다시 시도하는 것이 중요하다.

우리는 직업적으로 성공하고 물건과 돈을 모으는 것이 곧 행복이라고 세뇌하려는 미디어와 광고 회사의 메시지에 넘어가고 있다. 나도 가끔은 '완벽한 아일랜드 식탁만 하나 있었어도…' 같은 생각을 할 때가 있다. 나를 행복하거나 불행하게 하는 것은 세련되고 현대적인 주방이 아니라 주방에서 함께 시간을 보내는 사람들이라는 사실을 알면서도 말이다. 우리는 가족과 친구들과 좋은 관계를 맺고 관계를 더 돈독히 하는 일에 집중해야 한다. 내가 멕시코에 사는 사연자에게 건넨 조언도 공동체를 찾아 사람들과 함께하라는 것이었다.

에필로그

한 가지 고백할 것이 있다. 이 책의 제목은 속임수다. 그렇다. 이 책이 '내가 사랑하는 사람들이 읽었으면' 하는 책인 이유는 관계란 혼자서 만들어가는 것이 아니기 때문이다. 연결되고 논쟁하는 것은 혼자서는 할 수 없는 일이다. 사람은 스스로 바뀌지 않으므로 사랑하는 사람에게(그리고 사랑하지 않는 사람에게도) 영향을 받을 준비가 되어 있어야 한다. 반대로 우리가 달라지고 변화하면 다른 사람들도 영향을 받고, 우리가 더 만족하면 우리를 사랑하는 사람들도 그럴 가능성이 크다. 우리가 자신과 맺는 관계는 타인과 맺는 관계에 영향을 미친다. 하지만 타인에 관해서는 할 수 있는 것이 아무것도 없다. 영향을 줄 수는 있고 서로 영향을 주고받는 것이 성장에 꼭 필요하기는 하지만, 결국 자신의 선택과 행동을 책임져야 할 사람은 그 사람이다. 우리가 정말로 바꿀 수 있는 사람은 자신뿐이다. 내가 이 책을 읽었으면 했던 사람은 바로 당신이다.

인생에서 일어나는 모든 상황을 통제할 수는 없지만(어떤 집안에서 태어날지, 가까운 사람이 내 곁이나 세상을 떠날지, 지진이 일어날지는 내가 선택할 수 있는 문제가 아니다), 늘 통제할 수 있는 것이 있다면 그것은 자신과 맺는 관계다. 즉 자기 몸을 어떻게 돌볼지, 자기와 어떤 대화를 할지 결정할 수 있다는 뜻이다. 우리는 다른 사람을 어떻게 대할지 선택할 수 있고, 그 순간에 어떻게 반응할지 또는 어떻게 고심해서 대응할지 선택할 수 있다.

이 책에서 나는 관계의 중요성과 관계에 따르는 어려움에 관해 이야기했다. 세상에 순탄하기만 한 관계는 없다. 진정한 관계에서는 해결해야 할 의견 차이가 생기기 마련이므로 연인 관계나 부부 관계에만 국한되는 말도 아니다. 하지만 관계가 아무리 어려워도 사람은 누구나 관계를 필요로 한다. 인간 거울이 되어 내가 타인에게 어떻게 인식되는지 보여주며 자기감을 형성하도록 도와줄 사람들이 필요하다. 어쩌면 이 책을 펼칠 때만 해도 마음에 들지 않았던 사람들에 관한 생각이 그들이 세상을 사는 방식을 더 많이 생각해보면서 바뀌었을지도 모른다. 다른 사람들이 짜증 나고 끔찍할 때도 있지만, 삶에 접근하는 방식이 나와 다르기 때문일 때도 있다. 차이에 대처하는 법을 배우지 않으면 우리는 늘 싸우거나 상대가 나에게 원하는 것에 사로잡혀 자기감을 잃고 무너지게 된다. 변화는 피할 수 없으므로, 관련된 장을 읽으며 변화가 닥칠 때 더 잘 대처하는 법을 배울 수 있었기를 바란다. 그리고 늘 행복할 수는 없더라도 감정을 느끼고 억제할 수 있다면 우리 모두 삶에서 어느 정도 만족감을 얻을 수 있을 것이다.

요즘은 "나는 이러이러한 애착 유형이야", "나의 내면 아이에게는 이러이러한 상처가 있어"라는 식으로 제 감정을 설명하는 틀을 찾는 것이 유행이다. 이런 유행은 감정을 깊이 들여다보지 못하게 막는다는 위험이 있다. 유행하는 용어와 약어는 정체성의 일부가 되어 더 이상의 질문을 막아버린다. 시간을 들여 자신을 제대로 이해하기 전에 정의부터 바로 내리려고 하니 나아지는 것은 없다. 우리가 자신과 타인과 세상을 이해하는 수준은 제각기 다양하므로, 사람들을 한정된 틀에 가두어 생각하기 시작하는 것은 지나친 일이 될 수 있다. 진단은 유용할 때도 있으나 자기를 제한하는 일이 되기도 한다. 알아채셨을지도 모르지만 이 책에서 나는 사람들을 진단하는 것에 기대지 않으며,

당신도 이 책을 다 읽고 나서는 자기를 진단하는 일을 피하는 것이 중요하다고 생각한다.

자기 인식과 삶에 대처하는 능력을 키우는 것은 온종일 자기 성찰에 몰두하는 것을 의미하지 않는다. 중요한 것은 내가 느끼는 감정과 타인에게 미치는 영향에 책임을 지는 것이다. 물론 위급 상황에는 나부터 산소마스크를 써야 하듯 나를 먼저 챙겨야 한다. 하지만 그렇다고 해서 다른 경험과 관점을 경청하고 이해할 수 없는 것은 아니다. 자기 성찰을 하면서 피해망상이 심해지고, 타인을 판단하게 되며, 고립감이 커진다면 이것은 아마도 해로울 것이다. 관계가 개선되고, 소통이 원활해지고, 삶이 더 평온하고 흥미로워지며, 사람들과 더 가까워진 기분을 느낀다면 계속 이어가기를 바란다. 자신을 돌아보는 일은 중요하다. 이것은 이기적이거나 자기중심적인 것이 아니다. 타인과 더 가까워지지 못하게 막는 모든 장애물을 없애는 데 도움이 되기 때문이다.

우리는 모두 계속해서 성장하는 존재다. 우리는 절대 완성되지 않으며, 다양한 이론을 살펴보고 어느 시점에서든 자신에게 적용할 수 있는 것이 무엇인지 알아보면 도움이 된다. 이 책에서 소개한 이론 중에는 당신에게 유용한 것도 있고, 마음속으로는 늘 알고 있었지만 말로 표현하지 못했던 것을 알려주는 매우 와닿는 내용도 있을 것이다. 그런가 하면 받아들일 준비가 안 됐거나 전혀 맞지 않는 것도 있을지 모른다. 그것도 괜찮다.

이 책을 다 읽는다고 해서 '인생이 바뀔 것이라고' 약속하지는 않을 것이다. 나는 처음부터 이 점을 매우 분명히 하고 싶었다. 다만 얻어가는 내용이 조금은 있기를 바라는데, 그러려면 새로운 행동 방식과 소통 방식을 실천하는 습관을 들여야만 한다. 이 책을 읽으며 당신의 신념 체계와 삶에 대응하는 방식을 돌아보고 어떤 것을 유지하고 싶은지(아마도 자기 자신의 대부분일 것이다) 결정하는 데 도움을 받았기를, 그리고 어떤 새로운 습관을 기르면 유용할지 얼마간 아이디어를 얻었기를 바란다. 개인적으로 나는 받아들임을 실천하며 나의 한계를 받아들이려고 노력하고 있다. 당신도 부디 나의 한계를 너그럽게 받아들여 주기를 바란다.

《나의 부모님이 이 책을 읽었더라면》의 에필로그를 쓸 때 나에게는 인류를 위해 절실히 전하고 싶은 매우 확고한 메시지가 있었다. 지금 내가 전하고 싶은 유일한 메시지는 자신의 실수와 타인의 실수에 관대해지라는 것이다. 혹시 내가 아직 다루지 않은 중요한 문제가 있다면 메일을 보내주시면 칼럼에서든 다른 책에서든 최선을 다해 답변해드리겠다.

감사의 말

감사 인사를 전할 분이 많다. 먼저 코너스톤 출판사의 안나 아르제니오와 베네시아 버터필드에게 감사하고 싶다. 두 분이 아니었다면 이 책은 세상에 나오지 못했을 것이다. 관대하고 따뜻하며, 늘 솔직한 생각을 말해주고, 아무리 인내심이 강한 사람이라도 화를 낼 정도로 내가 나를 못 믿을 때 나를 믿어주는 이 편집자들을 사랑하지 않을 수 없다. 계약을 잘 성사해준 카롤리나 서턴과 진행을 끝까지 도와준 앨리스 루티언스와 슈테파니 스웨이츠, 이 세 에이전트에게도 감사의 말을 전한다.

늘 초고를 읽고 조언을 아끼지 않는 사랑하는 딸과 역시 초고를 읽어준 줄리앤 어필 오퍼에게 감사하다. 친애하는 심리치료사 동료인 그가 친절하게 공유해준 생각은 책에 일부 반영됐다. 록스타 콘서트 같은 멋진 북투어를 준비해준 제임스 알브레히트와 알렉스 페인에게 감사를 전한다. 책에 등장하는 '교만의 죄' 설교에 나를 초청하라고 옥스퍼드대학교 부총장님을 설득해준 제인 쇼 교수와 목회자인 클레어 맥도널드 박사에게 감사하다. 책의 제목을 전작처럼 '이 책을 읽었더라면'으로 짓는 대신 '이 책을 읽으면'으로 바꾸자고 제안해준 좋은 친구 나탈리 헤인스에게 깊은 감사를 전한다. 욜란다 바스케스, 조니 필립스, 에일리 브루커, 리처드 안셋, 재닛 리, 수잔 무어, 로나 그래든, 리처드 콜스, 헬렌 배그널, 그리고 내 모든 친구에게도 애정과 감사를 전한다. 여러분의 사랑과 격려는 내게 이 세상과도 같다.

내 글을 매주 아름답게 편집해주는 〈옵서버〉의 동료들인 해리엇 그린, 스티브 체임벌린, 마틴 러브에게 감사하다. 그리고 용기를 내어 솔직한 고민을 보내주시는 모든 멋진 분에게 감사하다. 덕분에 인생이 무엇이며 인생을 어떻게 살면 좋을지 생각하는 데 큰 도움이 된다.

마지막으로 내가 사랑해 마지않는 남편 그레이슨이 보내준 사랑과 응원에 감사하고 싶다.

찾아보기

ㄱ——

가면 증후군 140
가족 역동 21
가트맨 연구소 65
갈등 68, 84, 89, 90, 92, 94, 96,
　103, 108, 113, 118, 124, 129,
　137, 141, 149, 151, 216
갈등 회피 124-131
감정 처리 129
강박 177, 251, 252
강박증 240
강압적 통제 81, 82
걱정 25, 38, 131, 134, 136, 144,
　171, 186, 187, 196, 206, 207,
　216, 219, 237, 242, 262

게슈탈트 심리치료 209
결정 11, 14, 50, 51, 67, 70, 108,
　141, 150, 152, 166, 171, 173,
　223, 224, 237, 253, 256, 258,
　264, 281, 284
고립 30, 32, 77, 78, 194, 204
고립감 22, 124, 194, 202, 247, 283
공동체 24, 279
공황 217
관계 30-36, 61-67
교만의 죄 69, 71, 287
기대 31, 43, 92, 108, 144, 166,
　169-171, 218, 242
기술 79, 136, 190, 201-203, 231,
　248

The Book You Want Everyone You Love To Read

내가 사랑하는 사람들이 이 책을 읽었으면

초판 1쇄 발행 2025년 2월 28일

지은이 필리파 페리
옮긴이 방수연

발행인 정동훈
편집인 여영아
편집국장 최유성
책임편집 양정희
편집 김지용 김혜정 조은별
표지디자인 김지혜
본문디자인 홍경숙

발행처 (주)학산문화사
출판등록 1995년 7월 1일 제3-632호
주소 서울특별시 동작구 상도로 282
전화 (편집) 02-828-8834 (마케팅) 02-828-8832
인스타그램 @allez_pub

ISBN 979-11-411-5518-6 (03190)

알레는 (주)학산문화사의 단행본 브랜드입니다.

- 잘못 만들어진 책은 구입하신 곳에서 바꾸어 드립니다.
- 값은 뒤표지에 있습니다.